职业教育新能源汽车专业“互联网+”创新型教材

纯电动汽车

整车控制系统检修

天津职业技术师范大学
汽车职业教育研究所 组编

主　编　张　隽　王　芳　刘元芝

副主编　赖晓龙　徐　振　王慧丽

参　编　陈建军　谢晓文　周志伟　马秒玲
　　　　颜其慧　蔡乙贤　魏开新

机械工业出版社

本书是职业教育新能源汽车专业“互联网+”创新型教材。本系列教材采用“基于工作过程”的方法进行开发，内容以典型工作任务为载体进行组织，主要包括整车控制系统认知、车身控制系统检测与维修、整车控制系统检测与维修3个学习情境。每个学习情境下还包含若干学习单元，每个学习单元以实际工作任务导入，理论知识包含共性知识和个性知识，实践技能部分以吉利EV450车型为例。

本书适合于开设新能源汽车专业的职业院校使用，也可以供新能源汽车技术培训机构使用，同时也可作为新能源汽车从业人员学习参考书。

图书在版编目（CIP）数据

纯电动汽车整车控制系统检修/张隽，王芳，刘元芝主编. —北京：机械工业出版社，2021.11（2025.1重印）
职业教育新能源汽车专业“互联网+”创新型教材
ISBN 978-7-111-69273-7

Ⅰ.①纯… Ⅱ.①张… ②王… ③刘… Ⅲ.①电动汽车-控制系统-车辆检修-职业教育-教材 Ⅳ.①U469.720.7

中国版本图书馆CIP数据核字（2021）第202702号

机械工业出版社（北京市百万庄大街22号 邮政编码100037）
策划编辑：于志伟　　责任编辑：于志伟
责任校对：潘 蕊 张 薇　　封面设计：张 静
责任印制：单爱军
北京虎彩文化传播有限公司印刷
2025年1月第1版第3次印刷
184mm×260mm · 9.75印张 · 223千字
标准书号：ISBN 978-7-111-69273-7
定价：45.00元

电话服务　　网络服务
客服电话：010-88361066　　机 工 官 网：www.cmpbook.com
010-88379833　　机 工 官 博：weibo.com/cmp1952
010-68326294　　金 书 网：www.golden-book.com

机工教育服务网：www.cmpedu.com

前 言

2015 年 9 月 29 日，国家制造强国建设战略咨询委员会正式发布《〈中国制造 2025〉重点领域技术路线图（2015 版）》，明确提出纯电动和插电式混合动力汽车、燃料电池汽车是国内未来在新能源汽车领域的重点发展方向。2020 年 10 月 27 日中国汽车工程学会《节能与新能源汽车技术路线图（2.0 版）》正式发布，坚持纯电驱动发展战略，并提出面向 2035 年的总体目标，并指出了新能源汽车技术发展更为明确的思路和路径。

随着我国新能源汽车行业的快速发展，急需大批懂新能源汽车维护和维修技术的人才。目前，我国职业院校肩负着培养新能源汽车技术技能人才的历史重任，国内已经掀起了开设新能源汽车专业的热潮。天津职业技术师范大学汽车职业教育研究所联合职业院校、企业，组织编写了本系列理实一体化教材。本书适合于开设新能源汽车专业的职业院校使用，也可以供新能源汽车技术培训机构使用，同时也可作为新能源汽车从业人员学习参考书。

本系列教材采用“基于工作过程”的方法进行开发。在对新能源汽车技术技能人才岗位调研的基础上，分析出岗位典型工作任务，然后根据典型工作任务提炼了行动领域，在此基础上构建了工作过程系统化的课程体系。为了方便职业院校开展一体化教学和信息化教学，为系列教材配套开发了“新能源汽车专业课程及教学资源库平台”，为每一个学习单元配套开发了教学设计、教学课件、任务工单、微课视频、VR 视频、教学动画等丰富的教学资源。

本书主要包括整车控制系统认知、车身控制系统检测与维修、整车控制系统检测与维修 3 个学习情境，每个情境下还包含若干学习单元，本书全部内容均在实车上进行了验证。每个学习单元以实际工作任务进行导入，理论知识包含共性知识和个性知识，实践技能部分主要以吉利 EV450 车型为例。

本书由深圳宝安职业技术学校张隽，青岛军民融合学院王芳、刘元芝担任主编，深圳宝安职业技术学校赖晓龙、徐振、王慧丽担任副主编，深圳宝安职业技术学校陈建军、谢晓文、周志伟、马秒玲、颜其慧、蔡乙贤和天津职业技术师范大学魏升新参与编写。

本书在编写过程中，得到了国家重点研发计划项目“网络协同制造技术资源服务平台研发与应用示范（2018YFB1703500）”的支持，提供了丰富的资源。天津闻达天下科技有限责任公司在本书编写过程中提供了大量设备和技术支持，在此表示衷心的感谢。在编写过程中参考了大量国内外相关著作和文献资料，在此一并向有关作者表示感谢。由于编者水平有限，难免有错漏之处，敬请读者批评指正。

天津职业技术师范大学汽车职业教育研究所

二维码清单

名　称	图　形	名　称	图　形
BCM 供电故障检测		BCM 故障分析	
BCM 的拆装		EV450 车辆无法上电故障	
PCAN 网络完整性检查		VCU 数据动态测试	
VCU 更换后编程和设置		VCU 模块数据流读取	
VCU 的更换		判断 DC/DC 模块是否正常工作的简单测量方法	
加速踏板位置传感器故障分析		玻璃升降器不工作	

目录

学习情境 1

整车控制系统认知

学习单元 1.1　整车控制系统电源电路认知

学习目标

1. 能够通过与客户交流和查阅相关维修技术资料获取车辆信息。
2. 能够独立制订工作计划并按计划实施。
3. 能了解纯电动汽车的电源系统。
4. 能掌握 DC/DC 的作用和工作原理。
5. 能熟悉吉利帝豪 EV450 纯电动汽车的电源分布和搭铁点分布。
6. 能正确查找吉利帝豪 EV450 纯电动汽车的电源电路继电器和熔丝。
7. 严格执行汽车的检修规范，养成严谨科学的工作态度。
8. 能根据环保的要求，正确处理对环境和人体有害的废料和损坏的零部件。

情境导入

传统内燃机汽车的供电电源主要是蓄电池以及由内燃机驱动的发电机，那么纯电动汽车的供电电源是什么呢？你对它又有哪些了解呢？

理论知识

1.1.1　纯电动汽车的电源系统

1. 供电电源

电动汽车的动力储能装置一般包括低压蓄电池、高压动力蓄电池、超级电容、飞轮电池和燃料电池等。吉利帝豪 EV450 纯电动汽车的供电设备为低压蓄电池和高压动力蓄电池，动力蓄电池采用三元锂电池（Lithium ion Battery）：以钴酸锂、锰酸锂或镍酸锂等化合物为正极，以可嵌入锂离子的碳材料为负极，使用有机电解质。动力蓄电池的组成包括：各模组总成、液冷系统、采集系统、电池控制单元（BMU）、电池高压分配单元（B-BOX）等部件。电池管理系统（Battery Management System，BMS）：BMS能够对动力蓄电池组总电压、总电流、每个测点温度和电池的电压参数进行实时监控，并进行故障诊断、SOC（剩余电量）计算、短路保护、漏电监测、报警显示、充放电模式选择等。

有了动力蓄电池高压电源，为什么还需要12V电压的蓄电池呢？这是因为动力蓄电池主要为高压电气系统供电，主要用来驱动汽车电动机，如起动、加速时就需要动力蓄电池的大电流来实现，并以深循环使用，以及给大功率子系统供电。而低压电气系统就是常说的12V蓄电池，它通常用于汽车的低功率系统，因为有许多用电器都是12V的，除此之外，在纯电动汽车遇到紧急断电的情况下，蓄电池可以向部分子系统供电，保证安全。

汽车用蓄电池大致可分为免维护蓄电池和普通蓄电池（非免维护蓄电池）两类。普通蓄电池又称为铅酸蓄电池，它的电极由铅和铅的氧化物构成，电解液是硫酸的水溶液。其主要优点是电压稳定、价格便宜，缺点是日常维护频繁。老式普通蓄电池一般使用寿命在两年左右，而且需定期检查电解液的高度并定期添加蒸馏水。免维护蓄电池，顾名思义，最大的特点就是“免维护”，在使用寿命内基本不需要补充蒸馏水。它还具有耐振、耐高温、体积小和自放电小的特点。当然，它的售价也会比普通蓄电池高。至于使用寿命，正常情况下，免维护蓄电池的建议更换周期为3年左右。

2. 双路电

纯电动汽车的BMS、BCM（车身控制器）等主要模块无论是上电还是充电都需要工作，所以除了蓄电池提供常电以外，还需要另外的电路提供电源，这样的电路电源称为双路电。部分新能源汽车，钥匙开关关掉后，作为动力电源系统核心的电源管理模块也就没有了电源，也就无法做出预警信息提示及保证下次运行时的安全性。为了解决电动汽车供电系统存在上述不足，纯电动汽车就有了电动汽车双路供电系统，能保证停车后电源管理模块在设定时间内继续有电，能对电池进行维护、自检和评价，确保电动汽车下次运行时的安全，提前消除不安全因素。吉利帝豪EV450纯电动汽车BMS模块部分供电图（B+，IG2）如图1-1-1所示。

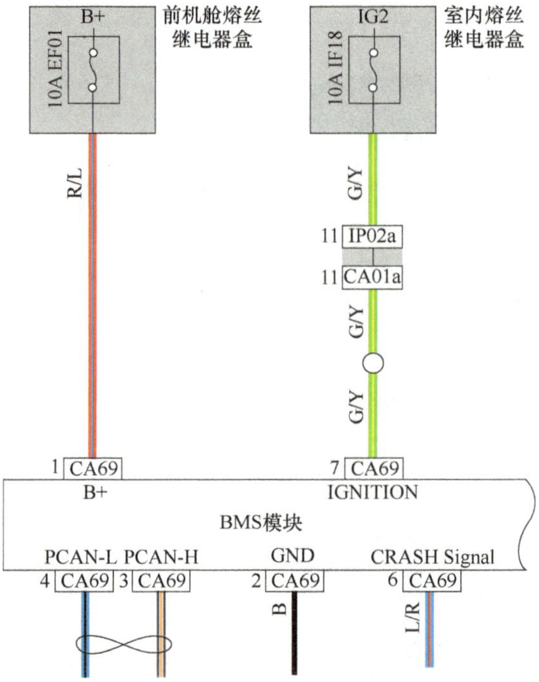

图1-1-1 吉利帝豪EV450纯电动汽车BMS模块部分供电图

3. DC/DC模块

直流转换器（DC/DC）是一种将某一高压等级的直流电转换为目的电压等级直流电的装置。在纯电动汽车中，高压动力蓄电池组提供的是高压直流电，为了给蓄电池充电以及低压用电设备供电，需要 DC/DC 模块将高压直流电进行转换。除此之外，直流转换器还具有以下 4 个功能：

1）输入低压保护功能。当 DC/DC 输入电压低于 20V 时，其就会锁死输出，此时故障指示灯点亮，提示输入电压太低，需要对电池组进行检测与维护；当输入电压高于 20V 时，DC/DC 会自动解除输出闭锁，恢复正常工作，故障指示灯熄灭。

2）输入反接保护功能。如果 DC/DC 输入端接反，其便进入反接保护锁死输入，DC/DC 不会损坏，反接消除后 DC/DC 恢复正常工作。

3）输出短路保护功能。DC/DC 具有输出短路保护功能，在输出端的负载存在短路时，DC/DC 会自动进入短路保护状态，不再向外输出电量；当短路故障排除后，DC/DC 会自动恢复输出功能。

4）温度过高保护功能。DC/DC 工作温度不允许超过 363K。在工作温度超过 353K 时，DC/DC 首先自动降低功率进行自身降温，达到 363K 时就会自动关闭，不再工作；当温度降到 353K 时，DC/DC 又恢复工作。

在吉利帝豪 EV450 纯电动汽车中，DC/DC 内置在电机控制器中。当车辆 ON 档上电或者充电唤醒上电时，动力蓄电池将首先开始高压系统预充电流程，完成高压系统预充电流程后，被唤醒的 VCU（整车控制器）发给 DC/DC 模块，DC/DC 开始起动工作，利用高压直流电变压后给蓄电池充电并为车辆上其他元件或者系统供电。下面是吉利帝豪 EV450 纯电动汽车 DC/DC 模块的接口 BV12，BV12 与蓄电池的正极连接，实现低压充电的通道，如图 1-1-2 和图 1-1-3 所示。

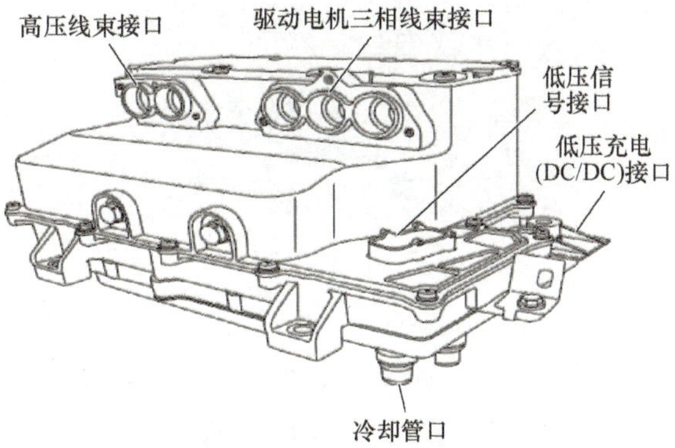

图 1-1-2 吉利帝豪 EV450 纯电动汽车 DC/DC 模块接口

图 1-1-3 吉利帝豪 EV450 纯电动汽车 DC/DC 模块接口

4. 吉利帝豪 EV450 纯电动汽车的电源、搭铁点分布

要学习了解纯电动汽车的低压电源系统，必须要熟悉其低压供电系统的电源、电源分布、搭铁点分布、熔丝、继电器等相关内容，下面以吉利帝豪 EV450 纯电动汽车为例简单介绍。

低压供电系统的电气框图如图 1-1-4 所示。

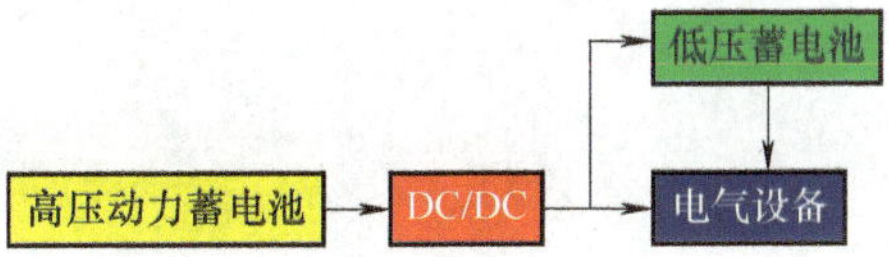

图 1-1-4 低压供电系统的电气框图

低压蓄电池负极线束搭铁点布置图如图 1-1-5 所示，搭铁点电路图如图 1-1-6 所示。

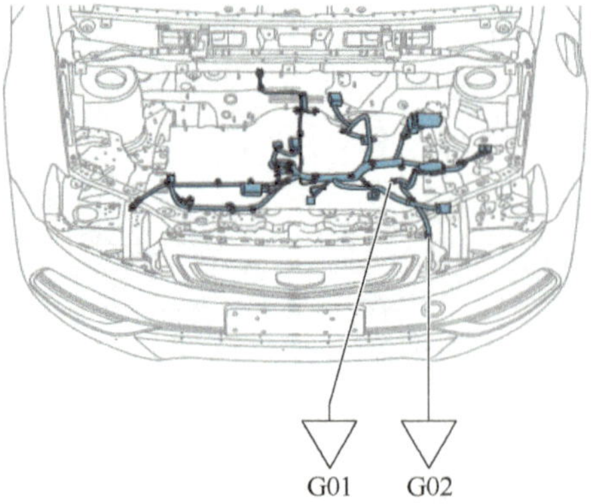

图 1-1-5　低压蓄电池负极线束搭铁点布置图

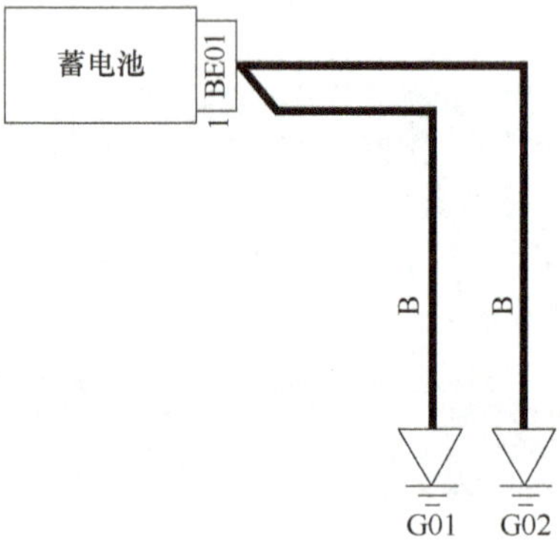

图 1-1-6　蓄电池搭铁点电路图

吉利帝豪 EV450 纯电动汽车蓄电池搭铁点 G01、G02 如图 1-1-7 和图 1-1-8 所示。

图 1-1-7　吉利帝豪 EV450 纯电动汽车蓄电池搭铁点 G01

图 1-1-8　吉利帝豪 EV450 纯电动汽车蓄电池搭铁点 G02

吉利帝豪 EV450 纯电动汽车熔丝、继电器盒位置如图 1-1-9 和图 1-1-10 所示。

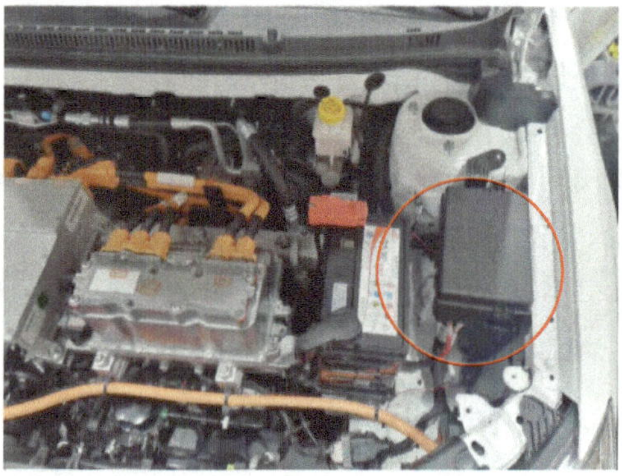

图 1-1-9　吉利帝豪 EV450 纯电动汽车前机舱熔丝、继电器盒

图 1-1-10　吉利帝豪 EV450 纯电动汽车室内熔丝、继电器盒

吉利帝豪 EV450 纯电动汽车蓄电池正极供电端如图 1-1-11 所示。

部分熔丝、继电器电源分布图如图 1-1-12 所示。

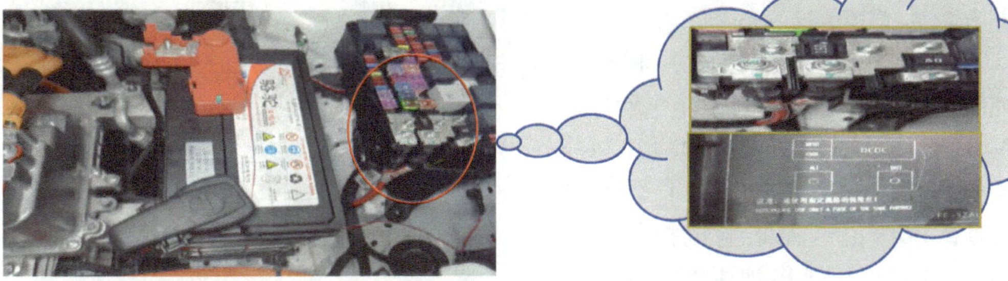

图 1-1-11　吉利帝豪 EV450 纯电动汽车蓄电池正极供电端

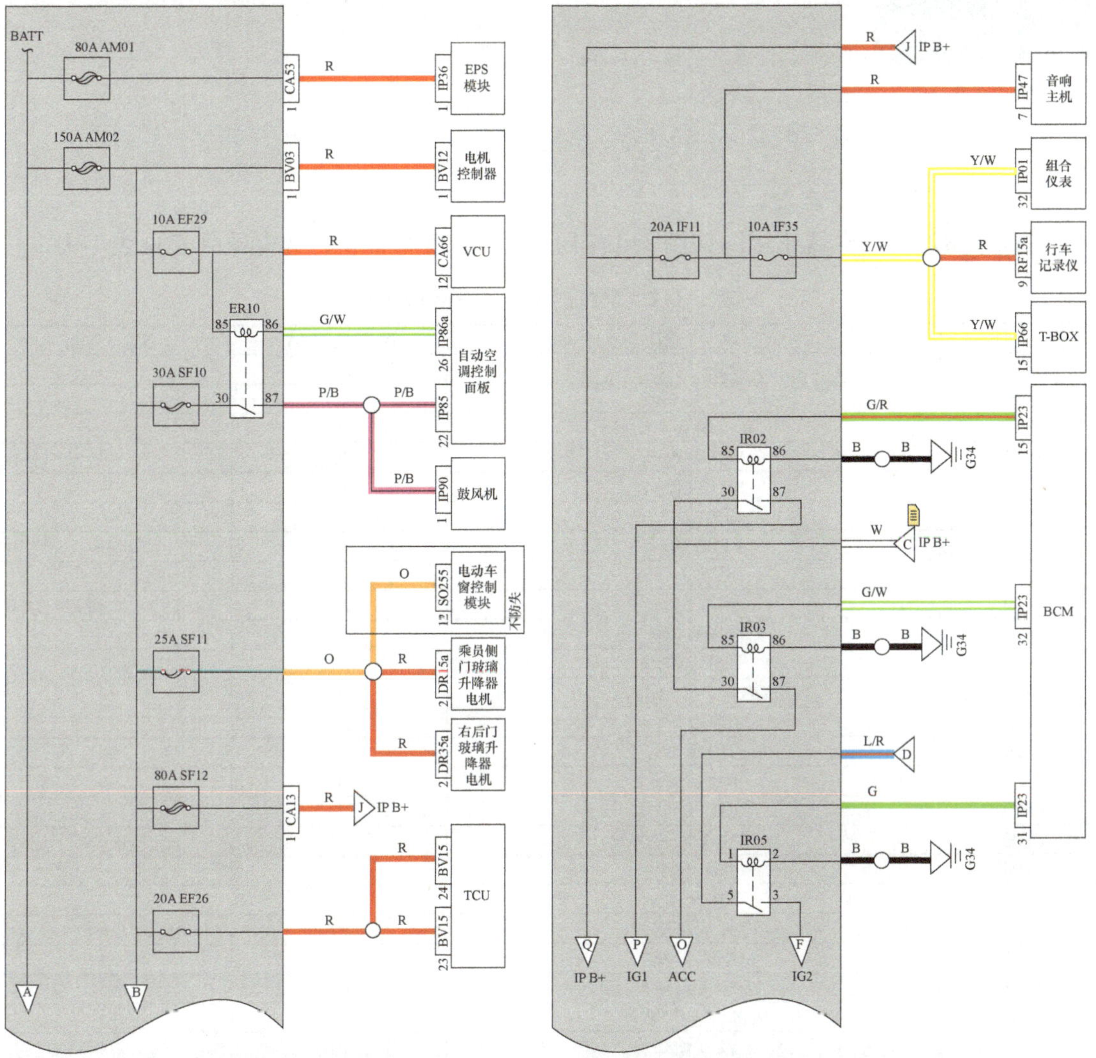

a) 前机舱熔丝、继电器盒电源分布图

b) 室内熔丝、继电器盒电源分布图

图 1-1-12　部分熔丝、继电器电源分布图

5. 智能充电

长期停放的车辆容易造成低压蓄电池亏电，当低压蓄电池严重亏电时会导致车辆无法起动上电。为了避免这一问题，部分纯电动汽车具有智能充电功能，以吉利帝豪EV450纯电动汽车这款车为例：在车辆停放过程中VCU将持续对电源蓄电池电压进行监控，当电压低于设定值时，VCU将唤醒BMS，同时，VCU也将控制电机控制器通过DC/DC模块对低压蓄电池进行充电，防止低压蓄电池亏电，影响车辆起动。吉利帝豪EV450纯电动汽车智能充电的流程图如图1-1-13所示。

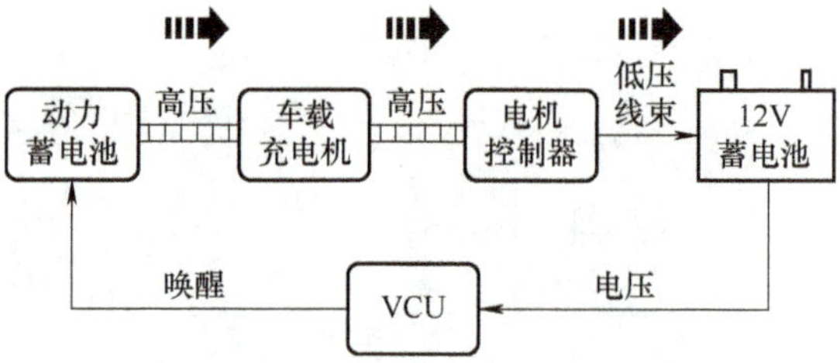

图1-1-13 吉利帝豪EV450纯电动汽车智能充电的流程图

实践技能

1.1.2 吉利帝豪EV450纯电动汽车电源电路熔丝、继电器的认知

1. 前机舱熔丝、继电器

前机舱熔丝、继电器布置图如图1-1-14所示。前机舱熔丝、继电器列表见表1-1-1。

表1-1-1 前机舱熔丝、继电器列表

编　号	名　称	额定电流/A	说　明
AM01	EPS熔丝	80	—
AM02	DC/DC熔丝	150	—
SF01	仪表熔丝盒1熔丝	50	—
SF02	ABS泵熔丝	30	—
SF03	ABS电机熔丝	40	—
SF04	EPB1熔丝	30	—
SF06	EPB2熔丝	30	—
SF08	风扇熔丝	40	—
SF09	座椅熔丝	20	带驾驶人座椅记忆功能
SF10	鼓风机熔丝	30	—
SF11	车窗1熔丝	25	—
SF12	仪表熔丝盒2熔丝	80	—
SF13	车窗2熔丝	25	—
SF14	后除霜熔丝	30	—
EF01	BMS熔丝	10	—
EF02	CRL熔丝	10	—
EF03	直流充电插座熔丝	10	—
EF04	IG2熔丝	20	—
EF05	真空泵熔丝	25	—
EF06	冷却水泵熔丝	10	—
EF07	喇叭熔丝	15	—
EF08	冷却水泵熔丝	5	—
EF09	风扇继电器熔丝	10	—
EF10	VCU熔丝	10	—
EF12	空调压力开关熔丝	10	—
EF13	三通、加热水泵、空调主机熔丝	10	—

（续）

编　　号	名　　称	说　　明
ER03	真空泵继电器	—
ER04	冷却水泵继电器	—
ER05	主继电器	—
ER06	近光灯继电器	—
ER07	远光灯继电器	—
ER08	喇叭继电器	—
ER10	鼓风机继电器	—
ER11	热管理继电器	—
ER12	低速风扇继电器	—
ER13	高速风扇继电器	—
ER14	高速刮水器继电器	—
ER15	低速刮水器继电器	—
ER16	后除霜、外后视镜加热继电器	—

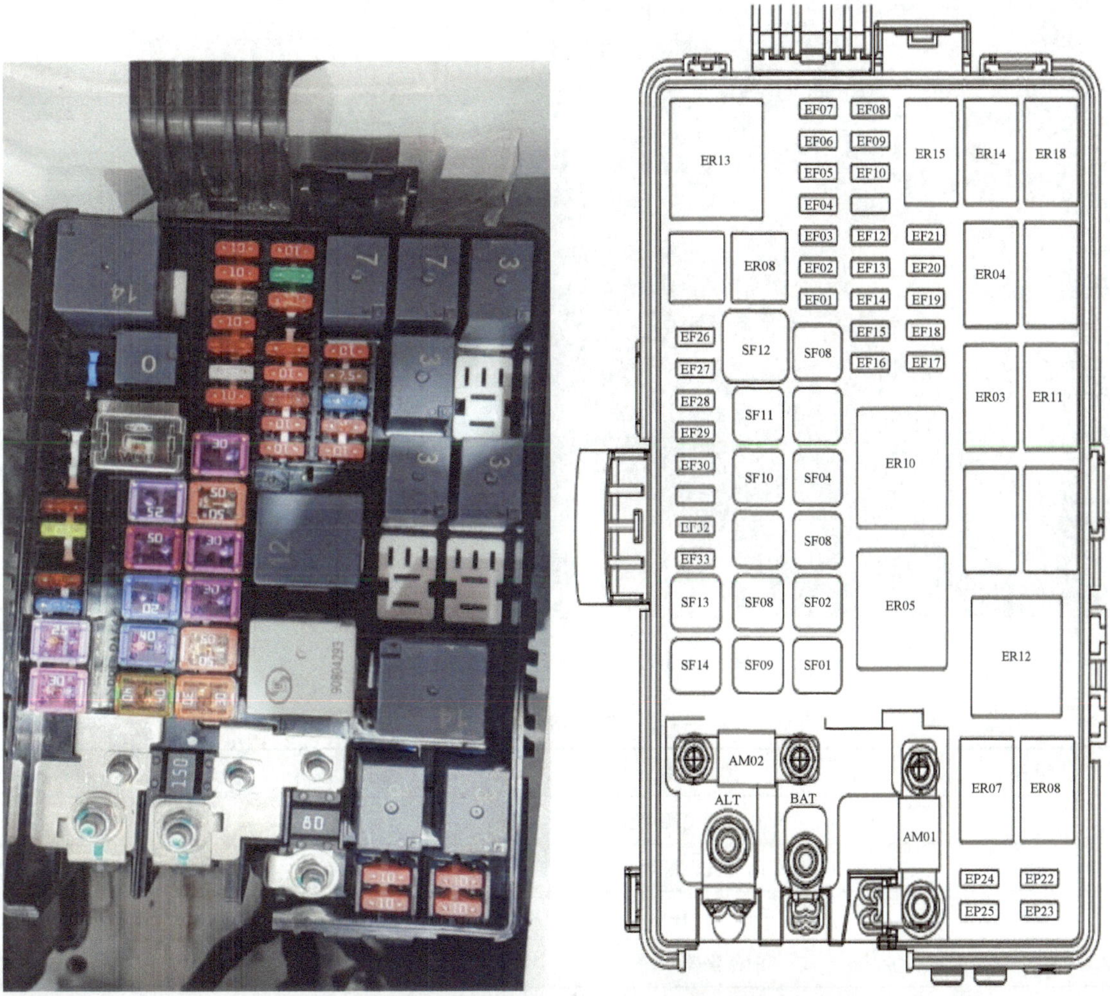

图 1-1-14　前机舱熔丝、继电器布置图

2. 室内熔丝、继电器

室内熔丝、继电器布置图如图 1-1-15 所示，室内熔丝、继电器列表见表 1-1-2。

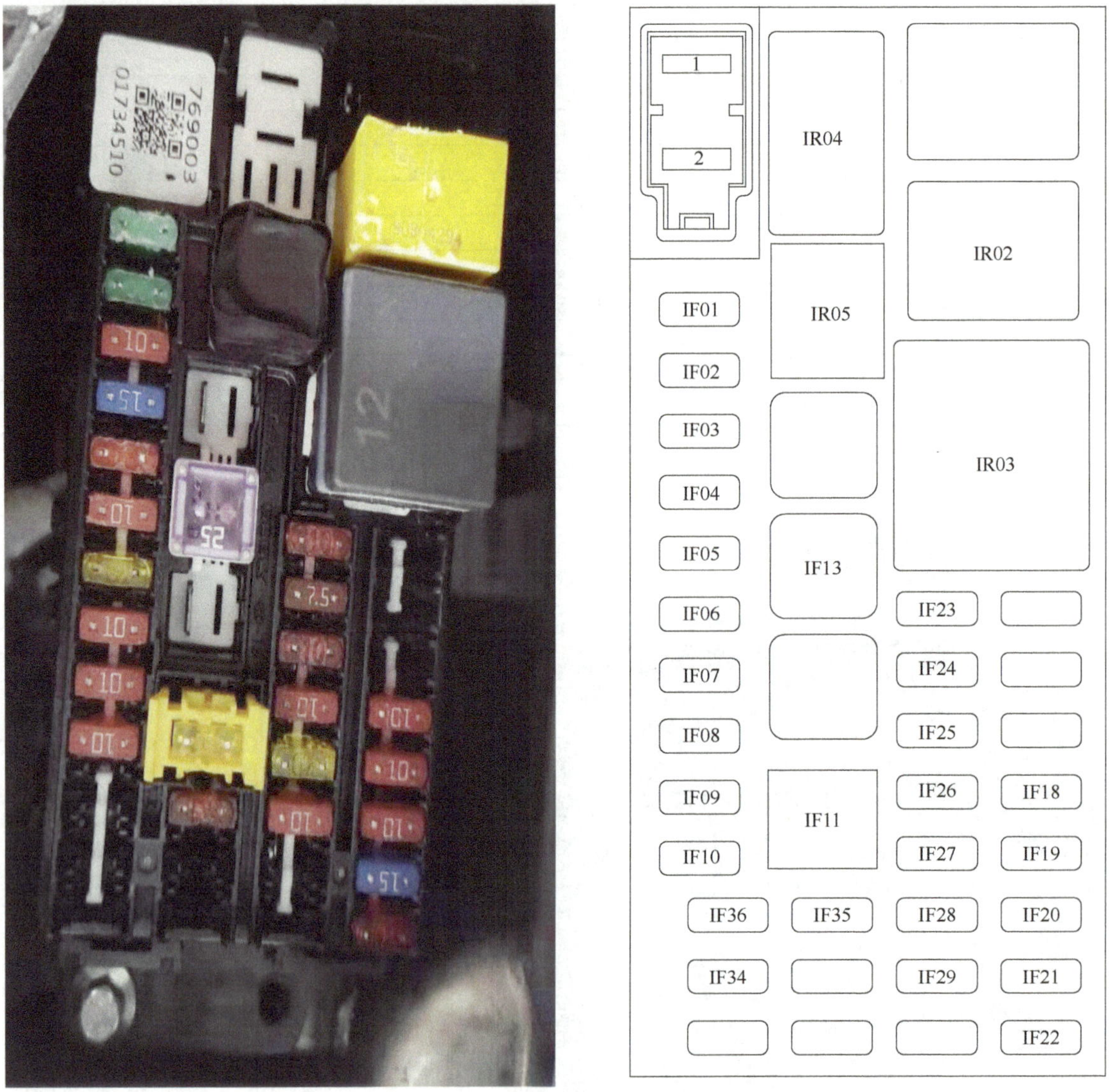

图 1-1-15　室内熔丝、继电器布置图

表 1-1-2　室内熔丝、继电器列表

编号	名　称	额定电流/A	说　明
IF01	车外灯光电源熔丝	30	—
IF02	车内灯光电源熔丝	30	—
IF03	后视镜折叠熔丝	10	带折叠
IF04	前洗涤器熔丝	15	—

（续）

编号	名　　称	额定电流/A	说　　明
IF05	BCM 门锁熔丝	20	—
IF06	空调模式开关熔丝	10	—
IF07	OBD 熔丝	10	—
IF08	EPB 开关、换档开关熔丝	10	—
IF09	门灯熔丝	10	—
IF10	计价器熔丝	20	出租车
IF11	音响系统熔丝	20	—
IF13	天窗熔丝	25	带天窗
IF18	BMS 熔丝	10	—
IF19	BCM 天窗熔丝	10	—
IF20	BCM、音响系统、后视镜、行车记录仪熔丝	10	—
IF21	前备用电源熔丝	15	—
IF22	出租车顶熔丝	10	出租车
IF23	EPB、EPS、换档开关熔丝	10	—
IF24	SRS、模式开关熔丝	7.5	—
IF25	组合仪表、环境光及阳光传感器、T-BOX 熔丝	10	—
IF26	UEC、IGN1 熔丝	10	—
IF27	空调面板开关、空调控制器熔丝	10	—
IF28	SAS、ESCL、BCM 熔丝	10	—
IF29	全景影像模块熔丝	7.5	带 360°可视倒车系统
IF34	GPS 熔丝	10	出租车
IF35	T-BOX、组合仪表、行车记录仪熔丝	10	—
IF36	广告牌熔丝	15	出租车

编　　号	名　　称	说　　明
IR02	IG1 继电器	—
IR03	ACC 继电器	—
IR04	广告牌继电器	出租车
IR05	IG2 继电器	—

1.1.3 判断吉利帝豪 EV450 纯电动汽车 DC/DC 模块是否正常工作

1. 在车辆关闭状态下测量低压蓄电池的电压

在整车线束正常连接且蓄电池正常的情况下，将起动开关置于 OFF 位，断开所有用电器并拔出钥匙，使用万用表电压档位测量低压蓄电池的电压，并记录，如图 1-1-16 所示。

2. 在车辆起动状态下测量低压蓄电池的电压

将起动开关置于 ON 位，使用万用表直流电压档位测量低压蓄电池的电压，这时所测的电压值是 DC/DC 输出的电压。若 DC/DC 正常输出的电压为 13.2 ~ 13.5V（或 13.5 ~ 14V），则 DC/DC 直流电源转化模块正常工作，如图 1-1-17 所示。

注意：车上用电设备未关闭会影响测量结果，测量前确保已关闭车上的用电设备。

图 1-1-16 在车辆关闭状态下测量低压蓄电池的电压

图 1-1-17 在车辆起动状态下测量低压蓄电池的电压

学习小结

1. 电动汽车的动力储能装置一般包括低压蓄电池、高压动力蓄电池、超级电容、飞轮电池和燃料电池等。

2. 直流转换器（DC/DC）是一种将某一高压等级的直流电转换为目的电压等级直流电的装置。

3. 在吉利帝豪 EV450 纯电动汽车中，DC/DC 内置在电机控制器中。当车辆 ON 档上电或者充电唤醒上电时，动力蓄电池将首先开始高压系统预充电流程，完成高压系统预充电流程后，被唤醒的 VCU（整车控制器）发给 DC/DC 模块，DC/DC 开始起动工作，利用高压直流电变压后给蓄电池充电并为车辆上其他元件或者系统供电。

学习单元1.2 整车控制系统认知

学习目标

1. 能够通过与客户交流和查阅相关维修技术资料获取车辆信息。
2. 能够独立制订工作计划并按计划实施。
3. 能够向客户介绍整车控制系统的作用和主要部件的安装位置。
4. 能够掌握整车控制系统的组成与功用。
5. 严格执行汽车的检修规范，养成严谨科学的工作态度。
6. 能根据环保要求，正确处理对环境和人体有害的废料和损坏的零部件。

情境导入

作为一个汽车修理工，在进行汽车故障排除时，要对汽车进行整车状态参数读取，请问你会正确使用故障诊断仪进行数据流的读取吗？

理论知识

1.2.1 整车控制系统的功用与组成

1. 新能源汽车整车控制系统

吉利帝豪EV450纯电动汽车整车控制系统是基于动力网P-CAN总线的多个控制系统的集成系统，以整车控制器（VCU）为管理核心，主要负责汽车高压部件的工作，实现对电池管理控制、电机控制、充电控制、减速器控制、远程控制等。吉利帝豪EV450纯电动汽车整车控制系统网络的结构如图1-2-1所示。

2. 整车控制系统在汽车上的位置

吉利帝豪EV450纯电动汽车整车控制系统主要部件的安装位置如图1-2-2所示。

1.2.2 吉利帝豪EV450纯电动汽车整车控制系统的组成

吉利帝豪EV450纯电动汽车整车控制系统的结构如图1-2-3所示，按照各部件的功能，可以将整车控制系统分为整车控制器、动力蓄电池系统、充电系统、电机控制系统（PEU）、减速器控制系统、远程控制系统等。该车的主要高压部件都集中在了汽车前机舱，如电机控制系统、车载充电机（OBC）、驱动电机、PTC、空调压缩机等。

1. 整车控制器

整车控制器接收、处理驾驶人的驾驶操作指令，并向各个部件控制器发送控制指令，使车辆按驾驶人的期望行驶。与电机控制器、车载充电机、电池管理系统等进行可靠通信，通过P-CAN总线（以及关键信息的模拟量）进行状态的采集输入及控制指令的输出，同时接收并处理各个零部件的信息。

整车控制器接收电池管理系统提供的当前动力蓄电池的状态信息，进行系统故障的判断和存储，动态检测系统信息，记录出现的故障，对整车具有保护功能，视故障的类型对整车进行分级保护，在紧急情况下可以关掉电机并切断母线系统，同时协调管理车上其他电器设备。

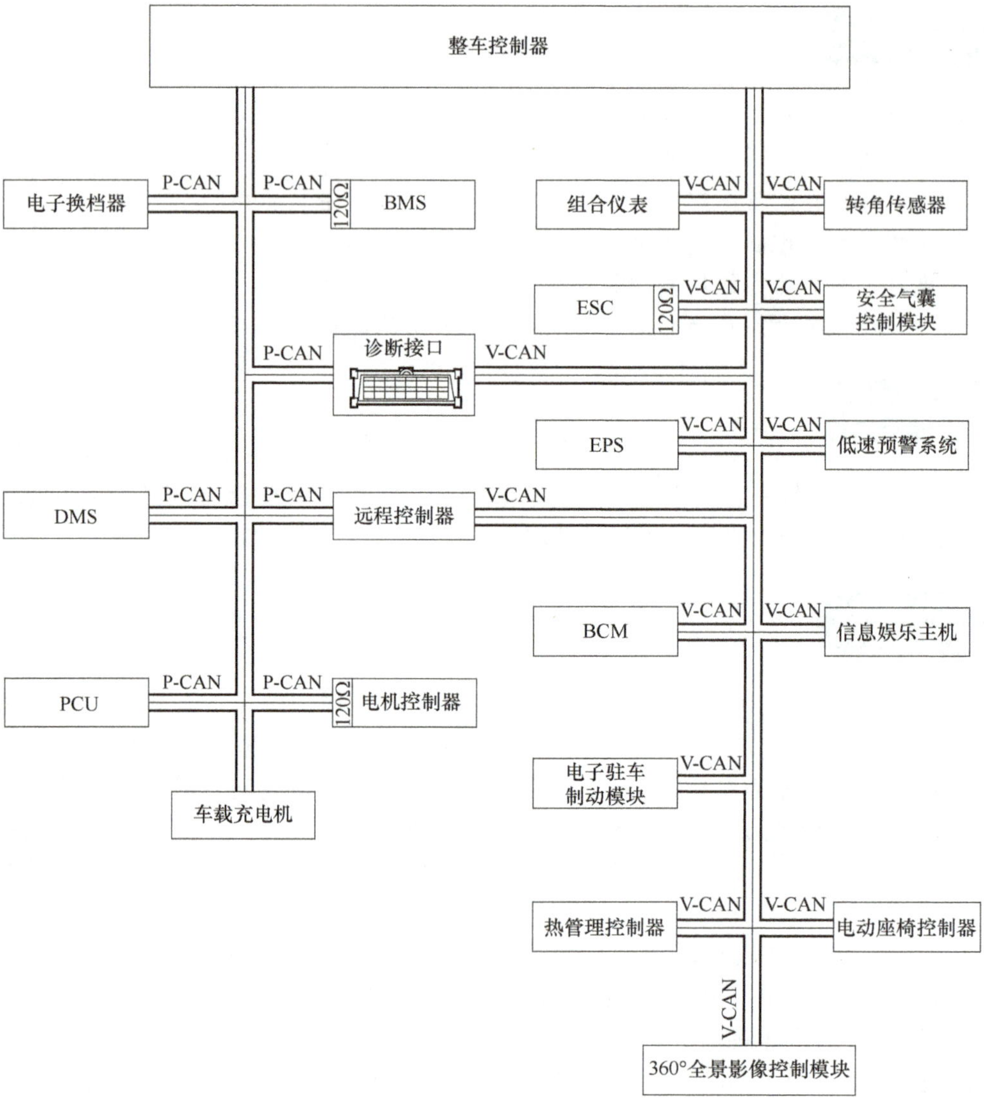

图 1-2-1　吉利帝豪 EV450 纯电动汽车整车控制系统网络的结构

2. 动力蓄电池系统

吉利帝豪 EV450 纯电动汽车动力蓄电池的安装位置如图 1-2-4 所示，动力蓄电池总成安装在车体下部。

BMS 可以将动力蓄电池相关参数上报 VCU，由 VCU 控制动力蓄电池的充电功率和放电功率。

3. 充电系统

吉利帝豪 EV450 纯电动汽车的充电系统分为快充系统和慢充系统两部分，如图 1-2-5 所示。可以看出，充电系统的关键部件主要包含车载充电机、直流充电口、交流充电口和高压线束。

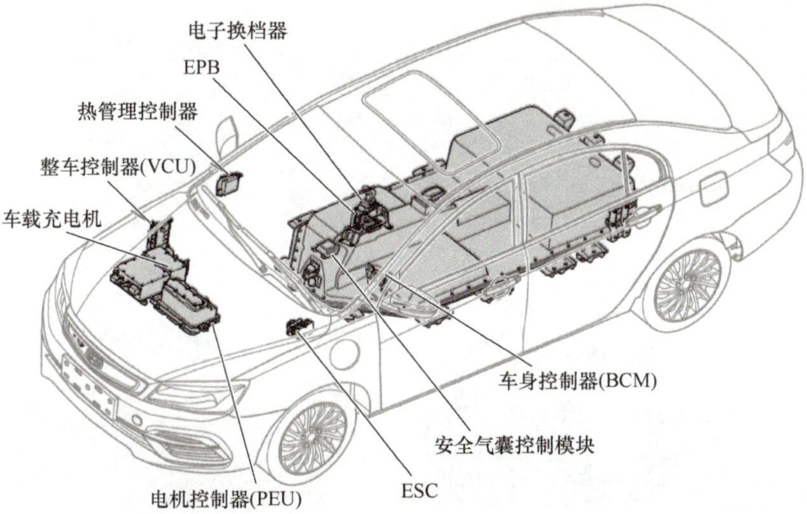

图 1-2-2　吉利帝豪 EV450 纯电动汽车整车控制系统主要部件的安装位置

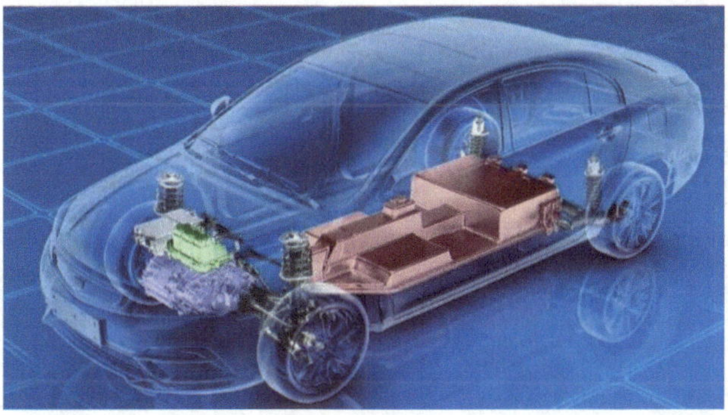

图 1-2-3　吉利帝豪 EV450 纯电动汽车整车控制系统的结构

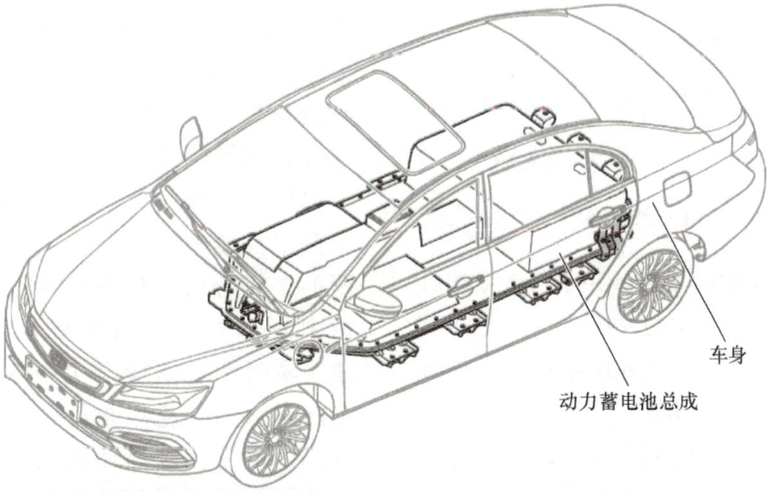

图 1-2-4　吉利帝豪 EV450 纯电动汽车动力蓄电池的安装位置

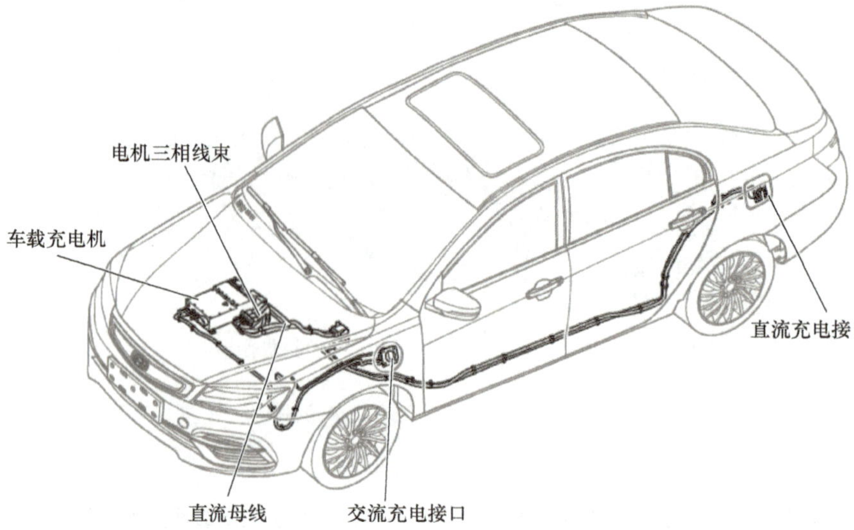

图 1-2-5　吉利帝豪 EV450 纯电动汽车充电系统的结构图

（1）快充（直流高压充电）　当直流充电设备接口连接到整车直流充电口，直流充电设备发送充电唤醒信号给 BMS，BMS 根据动力蓄电池的可充电功率，向直流充电设备发送充电电流指令。同时，BMS 吸合系统高压正极继电器和高压负极继电器，动力蓄电池开始充电。

充电时间：48min 可以充电 80%。

直流充电的电流量传递路线如图 1-2-6 所示。

图 1-2-6　直流充电的电流量传递路线

（2）慢充（交流电压充电）　当车辆处于交流充电模式下，车载充电机检测交流充电接口的 CC、CP 信号（充电抢插入、导通信号）并唤醒 BMS，BMS 唤醒车载充电机并发送指令充电，同时闭合主继电器，动力蓄电池开始充电。

充电时间：预计 13～14h 可充满。

交流充电电流量传递路线如图 1-2-7 所示。

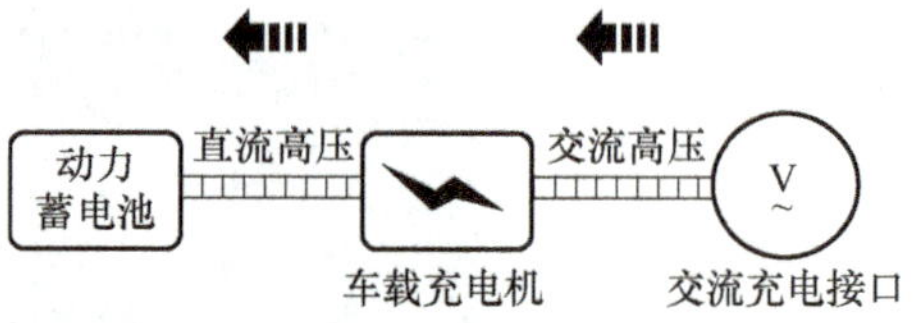

图 1-2-7　交流充电电流量传递路线

4. 电机控制器

电机控制器作为纯电动汽车的主要部件之一，是车辆的主要驱动机构，其特性决定了车辆的动力性能，并直接影响车辆的经济性。吉利帝豪 EV450 纯电动汽车的电机驱动系统主要由电机控制系统及传动系统构成，并通过高低压线束、冷却管路和整车其他系统进行电气和散热连接，如图 1-2-8 所示。整车控制器根据驾驶人的意图发出指令，由电机控制器响应并反馈，实时调整驱动电机的输出，以实现整车停止、加减速、能量回收及倒车等工作状态。电机控制器还能实时进行电机状态的故障检测，以保护驱动电机系统和整车安全可靠运行。

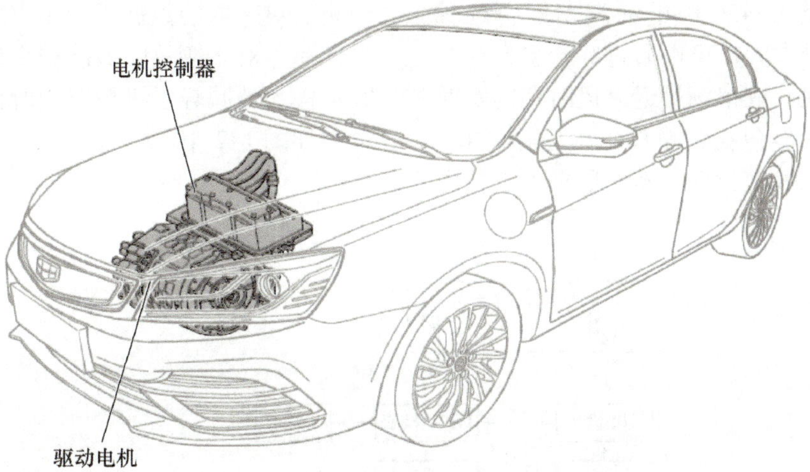

图 1-2-8　吉利帝豪 EV450 纯电动汽车电机驱动系统

5. 减速器控制系统

驾驶人操作电子换档器进入 P 位，电子换档器将驻车请求信号发送到整车控制器（VCU），VCU 结合当前驱动电机转速及转速情况判断是否符合驻车条件。当符合驻车条件时，VCU 发送驻车指令到 TCU（减速器控制器），TCU 根据驻车条件判断是否进行驻车，TCU 控制驻车电机进入 P 位，锁止减速器。驻车完成后，TCU 将收到减速器发出的 P 位位置信号，并将此信号反馈给 VCU，完成换档过程。

驾驶人操作电子换档器退出 P 位，电子换档器将解除驻车请求信号发送给 VCU，VCU 结合当前驱动电机转速及转速情况判断是否满足解除驻车条件。当符合解决驻车条件时，VCU 发送解除驻车指令到 TCU，TCU 根据解锁条件判断是否进行解锁，TCU 控制电机解除 P 位锁止减速器。解除驻车完成后，TCU 将收到减速器发出的档位位置信号，并将此信号反馈给 VCU，完成换档过程。吉利帝豪 EV450 纯电动汽车驻车控制流程如图 1-2-9 所示。

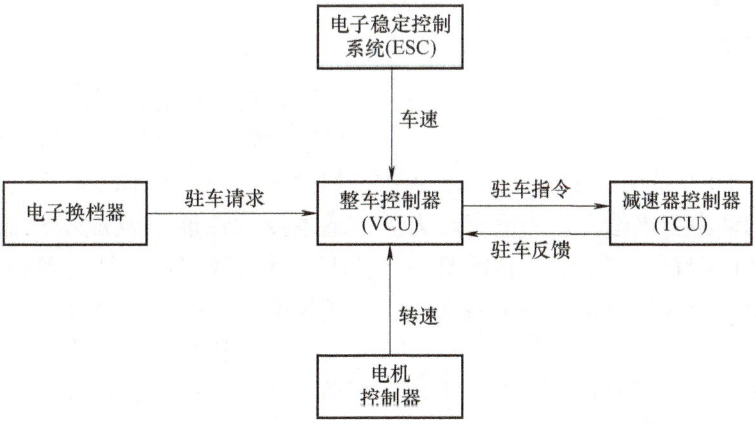

图 1-2-9　吉利帝豪 EV450 纯电动汽车驻车控制流程

6. 远程控制系统

吉利帝豪 EV450 纯电动汽车配备远程控制系统，操作人员可以通过综合平台或企业平台便捷地获取车辆最近一段时期的实时数据（数据内容包括：单体电池电压数据、动力蓄电池包温度数据、整车数据、卫星定位系统数据、极值数据和报警数据等），操作人员对获取的数据进行相应的分析后，可以快速地对车辆故障做出初步诊断，从而为客户极大地减轻了维护车辆所付出的时间成本，如图 1-2-10 所示。

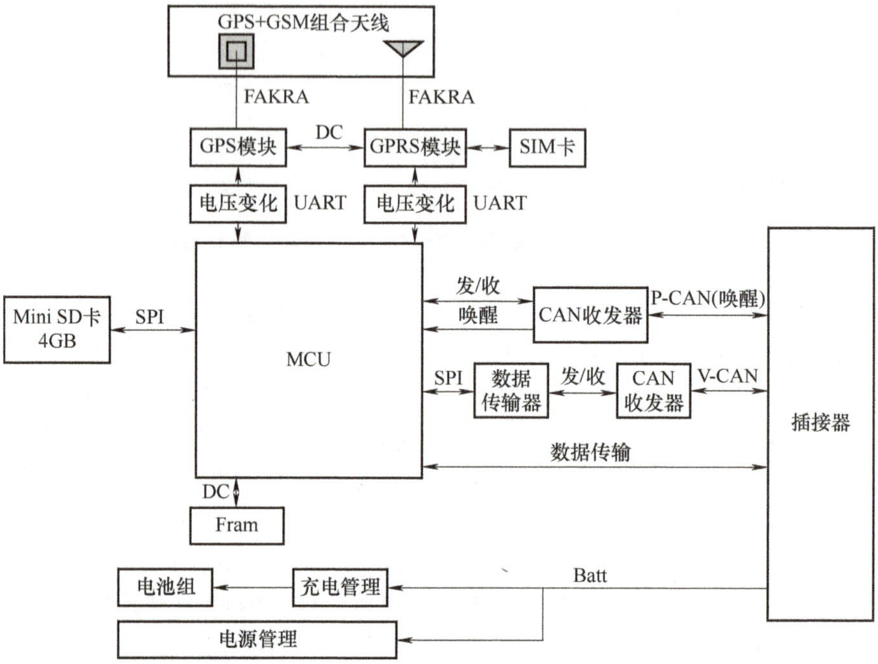

图 1-2-10　吉利帝豪 EV450 纯电动汽车远程控制系统

扩展阅读

1.2.3　纯电动汽车的整车控制

纯电动汽车动力系统中有电机驱动装置、传动系统和动力蓄电池等。当汽车动力系统结构和各部件配置确定之后，就需要一个性能优越、安全可靠的整车控制策略来保证汽车的正常运行。所谓整车控制，就是由控制器通过汽车运行过程中各个部件的运行状态，合理控制车辆能量分配，协调各部件工作，以充分发挥各部件的性能，在保证汽车正常运行的前提下，实现汽车的最佳运行状态。整车控制策略，需要控制车辆在满足驾驶人意图，汽车的动力性、平顺性和其他基本技术性能以及成本控制等要求的前提下，针对各部件的特性及汽车的运行工况，实现能量在电机和动力蓄电池之间的合理有效分配，从而使整车控制系统的效率达到最高，获得整车最大的经济性以及平稳的驾驶性能。一般整车控制策略包括以下几个方面：

1. 汽车驱动控制

根据驾驶人的驾驶要求、车辆状态、道路及环境状况等信息，分析车辆的动力需求，由 VCU 向电机控制器发送转矩控制指令，电机控制器控制主驱动电机输出合适的动力来驱动汽车。

2. 制动能量回馈控制

当汽车减速制动时，VCU 根据制动踏板和加速踏板信息、车辆行驶状态信息、蓄电池状态信息，计算再生制动转矩，向电机控制器发出指令完成制动能量回收。

3. 整车能量优化管理

通过对车载能源动力系统的管理，提高整车能量利用效率，延长纯电动汽车的续驶里程。

4. 车辆状态显示

对车辆实时速度、动力蓄电池状态等信息进行采集和转换，由主控制器通过汽车仪表进行显示。

实践技能

1.2.4 整车控制系统数据流的读取

1. 安全提示

利用故障诊断仪读取 VCU 数据流时，应注意在进行仪器连接时需要保证起动开关置于 OFF 位；完成仪器连接后，应检查电子驻车制动器和档位，在进入诊断系统之前需要将起动开关置于 ON 位，在进行相关动态数据流观察时，需要注意安全操作。

2. 仪器连接

吉利帝豪 EV450 纯电动汽车配套故障诊断仪如图 1-2-11 所示。

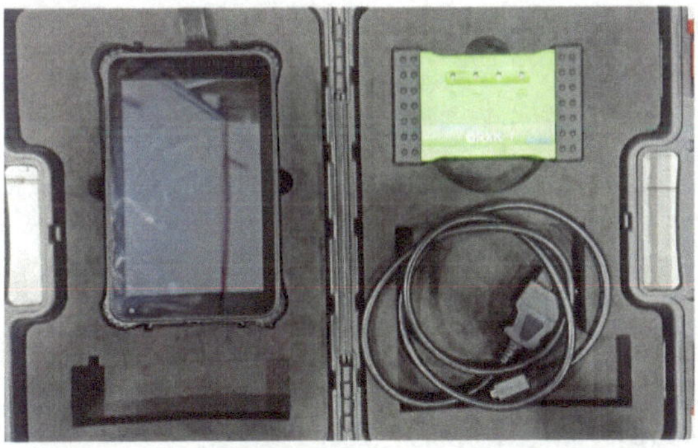

图 1-2-11 吉利帝豪纯电动汽车配套故障诊断仪

故障诊断仪连接步骤如下：

1）打开车门。

2）安装脚垫。

3）安装转向盘套。

4）安装座椅套。

5）将故障诊断仪连接端子一头插在车辆故障诊断接口上。

6）将端子另一头插在故障诊断仪转换插头上。

完成连接后，需要观察故障诊断仪与车辆通信是否正常。

3. 读取数据流

连接好故障诊断仪后，进行整车状态数据流的读取。此时诊断软件界面显示情况如图 1-1-12 所示，具体操作步骤如下：

1）将起动开关置于 ON 档。

2）单击运行故障诊断软件。

3）选择车型 EV450。

4）选择系统。

5）进入整车控制器。

6）读取数据流。

通过故障诊断仪能够观测到的整车控制器中的数据信息包括：整车状态、里程读数、供电电压、加速踏板开度、制动踏板信号、档位信号、整车模式变量、驱动电机目标转矩命令、驱动电机当前转矩、驱动电机当前转速、充电枪 CC 和 CP 信号、高压互锁、车速状态等。

单击诊断软件右边“全选”-“结果读

取”数据流，就能显示车量当前状态下整车控制器中的各个信号和部件状态的数据信息，如图 1-2-12f 所示。

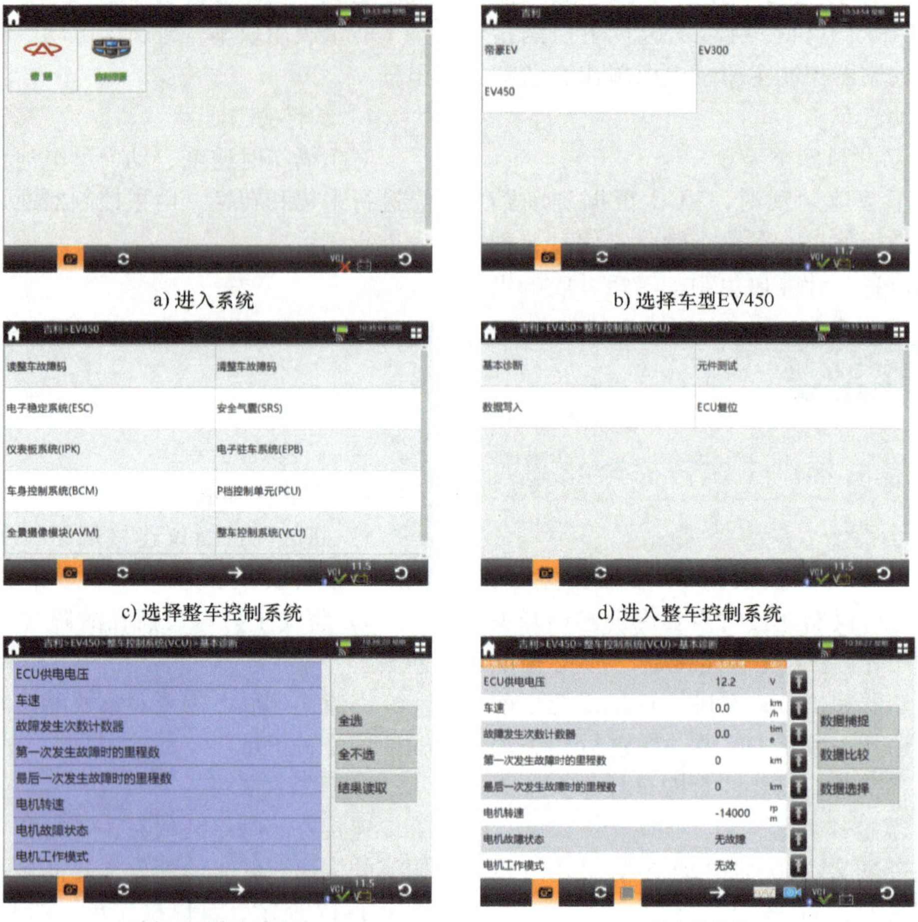

a) 进入系统　b) 选择车型EV450

c) 选择整车控制系统　d) 进入整车控制系统

e) 选择需要读取的参数　f) 读取数据流

图 1-2-12　故障诊断仪读取整车控制器数据的步骤

4. 数据信息测试

下面以加速踏板开度、制动踏板状态、真空助力系统状态及驱动电机状态数据为例，通过改变车辆状态，来进行数据流变化的观测。具体的步骤如下：

1）踩下加速踏板，加速踏板开度信号会发生变化。

2）踩下制动踏板，制动踏板信号在“请求”与“未请求”之间变化，如图 1-2-13 所示。

3）将汽车举升到离地 20cm 的高度。

4）上车踩下制动踏板。

5）给电动汽车上 Ready 档，将档位挂到 D 位。

6）松开制动踏板，踩下加速踏板。

7）仔细观察，VCU 发出对电机状态请求、控制模式请求、转矩请求等均发生相应变化，如图 1-2-14 所示。

8）降下车辆，断开故障诊断仪，将故障诊断仪装入诊断盒中。

9）取下座椅套、转向盘套和脚垫。

10）关闭车门。

11）完成作业工单。

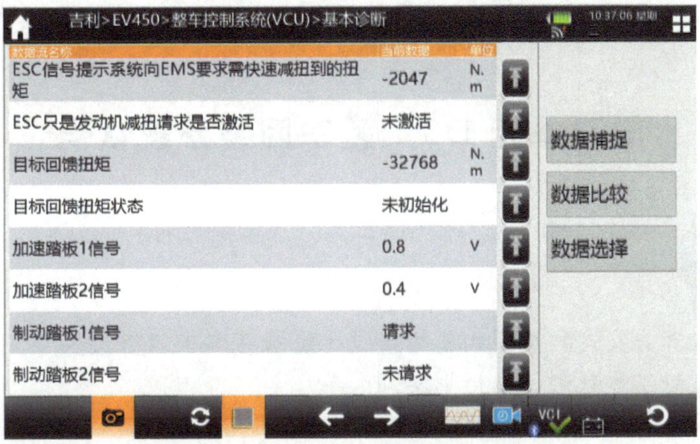

图 1-2-13　加速踏板和制动踏板动态测试

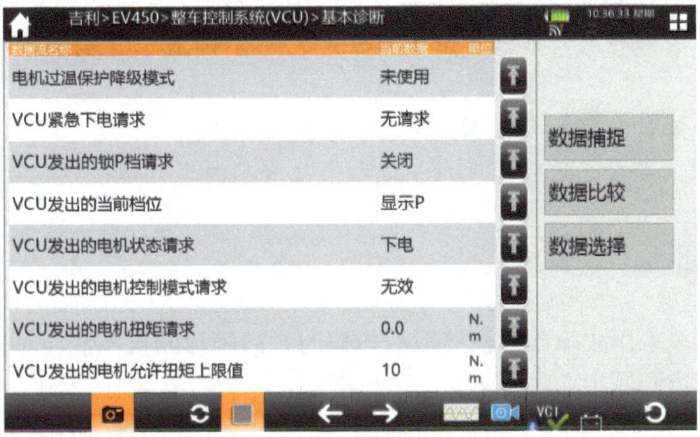

图 1-2-14　VCU 对电机控制的动态测试

学习小结

1. 吉利帝豪 EV450 纯电动汽车整车控制系统是基于动力网 P-CAN 总线的多个控制系统的集成系统，以整车控制器为管理核心，主要负责汽车高压部件的工作，实现对电池管理控制、电机控制、充电控制、减速器控制、远程控制等。

2. 所谓整车控制器就是由控制器通过汽车运行过程中各个部件的运行状态合理控制车辆的能量分配，协调各部件的性能，在保证汽车正常运行的前提下，实现汽车的最佳运行状态。

3. 按照各部件的功能，可以将吉利帝豪 EV450 纯电动汽车的整车控制系统分为整车控制器、动力蓄电池系统、充电系统、驱动电机系统（PEU）、减速器控制系统、远程控制系统等。

4. 整车控制策略包括：汽车驱动控制、制动能量回馈控制、整车能量优化管理、车辆状态显示。

学习单元 1.3　整车网络系统认识

学习目标

1. 能够通过与客户交流和查阅相关维修技术资料获取车辆信息。
2. 能够独立制订工作计划并按计划实施。
3. 能够描述车载局域网络系统的功能和结构。
4. 能够描述车载局域网络系统的工作原理。
5. 能够描述吉利帝豪 EV450 纯电动汽车 CAN 总线局域网络系统的特点。
6. 能够描述吉利帝豪 EV450 纯电动汽车 LIN 总线控制车窗系统的工作过程。
7. 能独立查阅车辆维修手册和使用数字万用表测量 CAN 总线的终端电阻，并判断其是否完好。
8. 严格执行汽车的检修规范，养成严谨科学的工作态度。
9. 能根据环保的要求，正确处理对环境和人体有害的废料和损坏的零部件。

情境导入

一辆纯电动汽车采用故障诊断仪读取故障码时，故障诊断仪不能与车辆动力系统控制模块取得通信，你知道问题出在哪里吗？

理论知识

1.3.1　车载局域网络系统的概述

1. 概念

随着汽车技术的不断发展，人们对汽车各方面的性能要求也越来越高。人们在追求车辆动力性和操控性的同时，对舒适性和安全性也提出了更高的要求。自 20 世纪 90 年代以来，随着集成电路在汽车上的广泛应用，汽车上的电子控制系统越来越多，如发动机控制装置、防抱死制动装置、安全气囊装置、电动门窗装置和主动悬架等。各种电子控制系统的导入和应用使汽车的各项功能更加完善，控制更加精确和灵活，智能化程度也不断提升。然而，功能的日益增加和完善使车载电子控制模块的数量以惊人的速度增加。与此同时，各电子控制模块之间的数据交换也随之增加。

传统的数据交换形式是通过模块间专设的导线完成点对点的通信。数据量的增加必然导致车身线束的增加。庞大的车身线束不仅增加了制造成本，而且还占用空间，增大了整车质量。线束的增加还会使因线束老化而引起电气故障的可能性大大提高，降低了系统的可靠性，如图1-3-1所示。

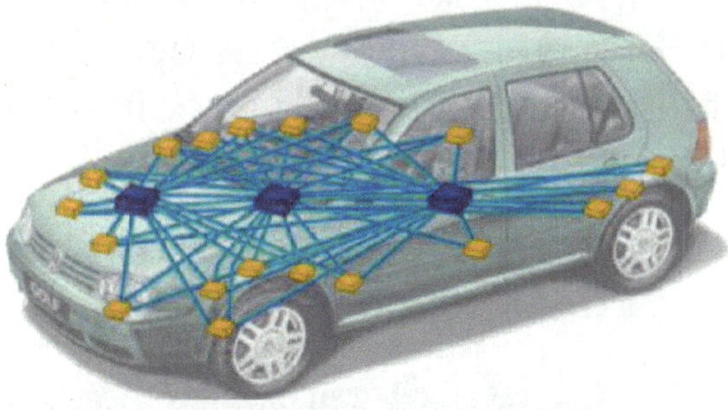

图1-3-1　未使用车载网络系统的线束连接方式

解决这个问题的关键就是利用计算机网络技术，将车载控制模块通过车载网络连接起来，实现数据信息的高效传输。车载网络形式多种多样，目前应用最为广泛的是控制器局域网络（Controller Area Network），即CAN系统，如图1-3-2所示。

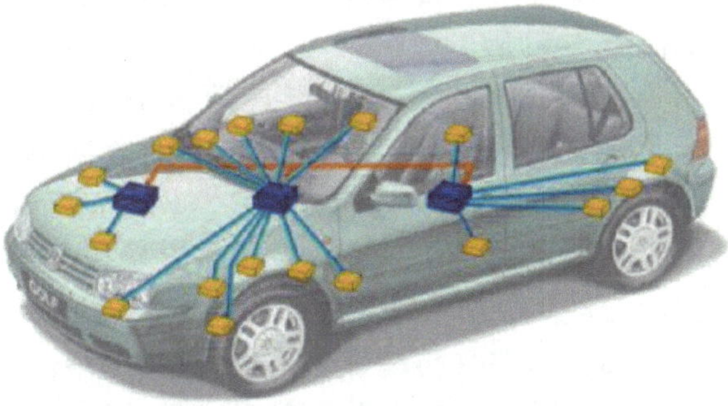

图1-3-2　使用车载网络系统的连线方式

CAN是德国博世公司在20世纪80年代初为汽车行业开发的一种具有很高保密性、有效支持分布式控制或实时控制的串行数据通信总线。CAN的应用范围遍及从高速网络到低成本的多线路网络。在自动化控制领域、发动机控制部件、传感器、防滑系统等应用中，CAN的位速率可达1Mbit/s。同时，它可以廉价地运用于汽车电气系统中，如灯光、电动车窗等，可以替代所需要的硬件连接。

按照ISO有关部门规定，CAN拓扑结构为线性总线式，所以也称为CAN总线。最初推出的CAN总线为1.0版，1990年推出的CAN总线为1.2修订版，1991年又推出的CAN总线为2.0版。目前，CAN总线不但已经成为汽车总线的主要规范，而且被公认为最有前途的几种工业总线之一。已由ISO/TC22批准为国际标准，是唯一被批准为国际标准的总线。1993年，国际CAN用户及制造商组织（CIA）在欧洲成立，其主要作用是解决CAN总线在实际应用中的问题，提供CAN产品及其开发工具，推广CAN总线的应用。

2. 基本术语

（1）局域网（Local Area Network，LAN）　局域网是一个在有限区域内连接的计算机网络。一般这个区域具有特定的职能，通过这个网络实现这个系统内的资源共享和信息互通。连接到网络上的节点可以是计算机或基于微处理器的应用系统或控制装置。局域网一般的数据传输速度在105kbit/s范围内，传输距离在250m范围内，误码率低。汽车上的总线传输系统（车载网络）是一种局域网。

（2）数据总线　车载网络使用了总线系统，将各控制单元联网，将各控制单元原本独立的处理过程通过双绞线、光缆等相互连接起来，即对所有处理过程进行分配，在整个车载网络系统内完成处理过程，并使这项过程共同发挥作用，从而增加车载网络内的数据交换。以前使用的车载网络已经无法实现这些要求。此外，通过这种交换方式还能实现很多新功能。

模块间运行的通道，即所谓的信息高速公路。如果模块可以发送和接收数据，则这样的数据总线就称为双向数据总线。汽车上的信息高速公路实际是一条导线或两条导线。

为了抗电子干扰，双线制数据总线的两条线是绞在一起的。各汽车制造商一直在设计各自的数据总线，如果不兼容，就称为专用数据总线。

（3）通信协议　通信协议是指通信双方信息交换规则的标准、约定的集合，即数据总线上的传输规则，如图 1-3-3 所示。

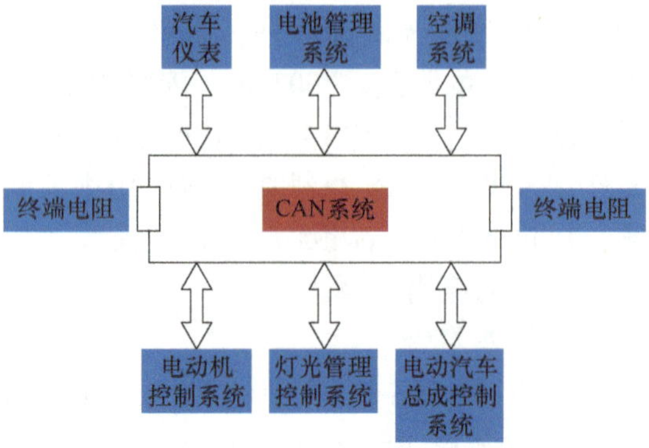

图 1-3-3　CAN 总线的通信方式

1）在一个简单的通信协议中，模块不分主从，根据规定的优先规则，模块间相互传递信息，并且都知道该接收什么信息。

2）一个模块是主模块，其他则为从属模块，根据规定的优先规则，它决定哪个从属模块发送信息及何时发送信息。

3）所有的模块都与总线靠节点相连接。当一个模块有了有用的信息，它便靠节点挂到总线上，任何一个需要这条信息的模块都可以从节点上去下这条信息。

4）通信协议中有仲裁系统，仲裁系统按照每条信息的数字拼法为各数据传输设定优先规则。例如，以 1 结尾的数字信息要比以 0 结尾的数字信息有优先权。

（4）网关　网关的作用就是在不同的通信协议和不同的传输速度的计算机或模块之间进行通信时，建立连接和信息解码，重新编译，并将数据传输给其他系统。

（5）模块/节点　模块是一种电子装置，这些装置简单一点的如温度传感器和压力传感器，复杂的如 ECU。在计算机多路传输系统中的控制单元模块被称为节点。一般来说，普通传感器是不能作为多路传输系统的节点的，如果传感器要想成为一个模块/节点，则该传感器必须具备支持多路传输功能的 ECU。数据总线上可以有多个模块并联组成局域网络，如图 1-3-4 所示。

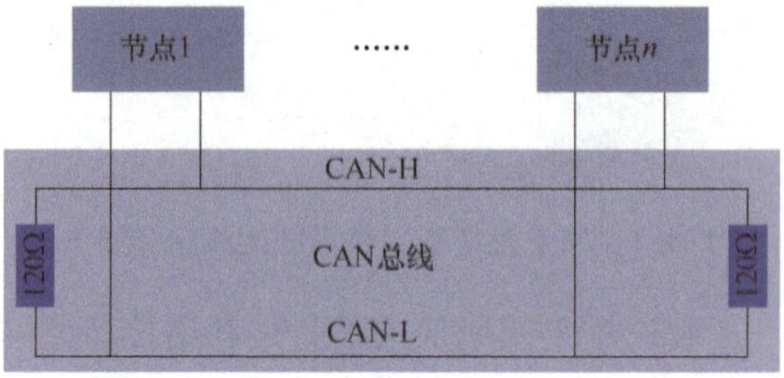

图 1-3-4　总线上可以有多个节点并联

（6）局域网的拓扑结构　所谓的拓扑结构就是网络的物理连接方式。局域网的常用拓扑结构有 3 种：星型、环型、总线型，其中总线型在车载局域网中采用得比较多，如图 1-3-5 所示。

（7）数据帧　为了可靠地传输数据，通常将原始数据分割成一定长度的数据单元，称为数据帧。一桢数据内应包括同步信号（起始与终止）、错误控制、流量控制、控制信息、数据信息、寻址信息等。

（8）链路（传输媒体）　链路指网络信息传输的媒体，分为有线和无线两种类型，目前车上使用的大多数都是有线网络，通常用于局域网的传输媒体有：双绞线、同轴电缆、光纤。

双绞线是局域网中最普通的传输媒体，一般用于低速传输，最大传输速率可达几 Mbit/s，双绞线成本较低，传输距离较近，非常适合汽车网络的情况，也是汽车网络使用最多的传输媒体。

同轴电缆可以满足较高的传输要求，连接较多的网络节点，跨越更大的距离。

光纤在电磁兼容性等方面有独特的优点，数据传输速度快，传输距离远。在车载网络上，特别在一些要求传输速度高的车载网络（如车上信息与多媒体网络）上有很好的应用前景。但受到了成本和技术的限制，现在用得不多。

（9）传输仲裁　当出现数个使用者同时申请使用总线发来的信息时，会发生数据传输冲突，好比同时有两个或者多个人想要过独木桥。传输仲裁就是为了避免数据传输冲突，保证信息按其优先级别来发送，如图1-3-6所示。

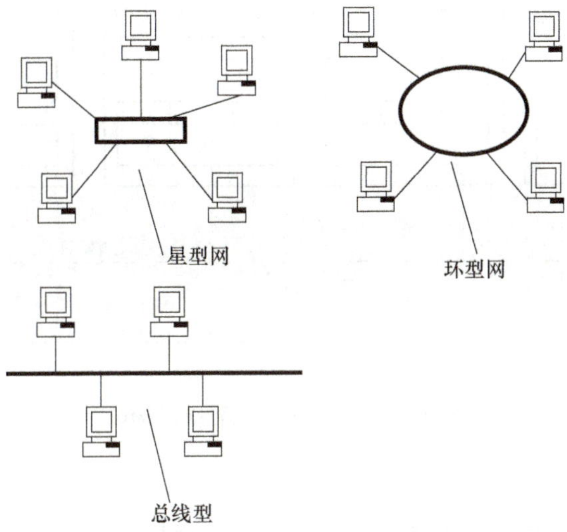

图1-3-5　局域网拓扑结构图

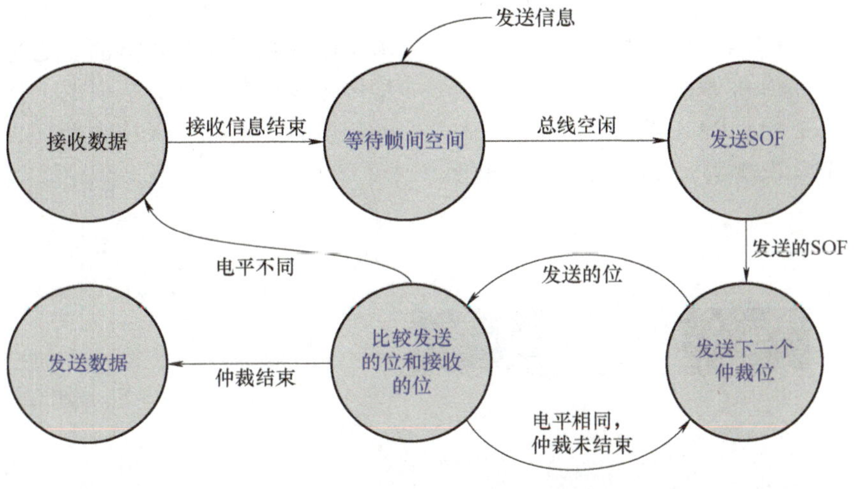

图1-3-6　传输仲裁示意图

1.3.2　CAN总线系统

1. CAN总线的说明

CAN总线由CAN控制器、CAN收发器、数据传输线和数据传输终端等组成，如图1-3-7所示。

CAN控制器集成在ECU内部，接收由控制单元微处理器传来的数据。CAN控制器对这些数据进行处理并将其传递给CAN收发器；同样，CAN控制器也接收收发器传来的数据，处理后传递给控制单元微处理器。

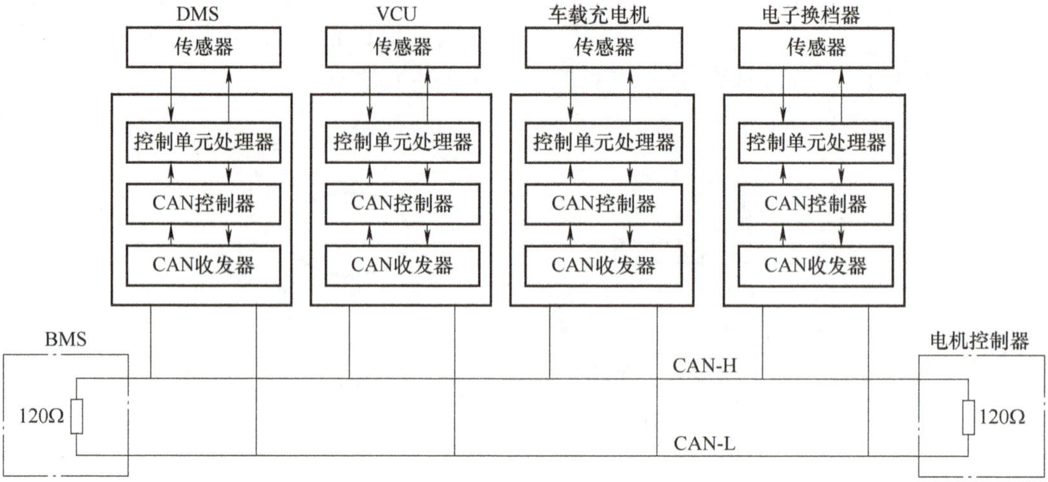

图 1-3-7　CAN 总线系统结构图

CAN收发器集成在ECU内部，同时，兼具接收、发送和转化数据信号的功能。它将CAN控制器发送来的电平信号数据转化为电压信号并通过数据传输线以广播的方式发送出去。同时，它接收数据传输线发送来的电压信号并将电压信号转化为电平信号数据后，发送到CAN控制器。

为了减少干扰，CAN总线的数据传输线采用双绞线，其绞距为20mm，截面面积为0.5m，称这两根线为CAN-高位（CAN-H）数据线和CAN-低位（CAN-L）数据线，如图1-3-8所示。两根线上传输的数据相同，电压值互成镜像，这样，两根线的电压差保持一个常值，所产生的电磁场效应也会由于极性相反而互相抵消。通过该方法，数据传输线可免受外界辐射的干扰；同时，向外辐射时，实际上保持中性（即无辐射）。

图 1-3-8　CAN 总线示意图

数据传输终端是一个电阻器，阻止数据在传输终了被反射回来破坏数据，一般数据传输终端为120Ω的电阻。

电动汽车结构复杂，比传统内燃机汽车增加了电力驱动模块、电池模块等辅助设备。涉及的电动汽车CAN网络主要包括车辆能源整车控制单元、电机控制单元、电池控制单元、车载充电控制单元、辅助电器控制单元、显示控制单元、空调控制单元、制动控制单元。其中，整车控制单元是整个控制网络的核心，负责全局传感器参数的收集、执行器工况的获取以及控制策略的广播等任务，如图1-3-9所示。

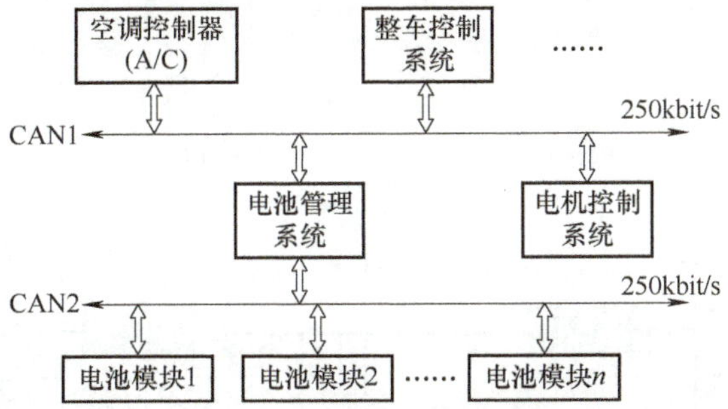

图1-3-9 典型电动汽车CAN网络系统示意图

2. CAN总线的工作原理

高速CAN总线是差分总线。高速CAN总线串行数据总线（H）和高速CAN总线串行数据总线（L）从静止或闲置电平驱动到相反的极限。大约为2.5V的闲置电平被认为是隐性传输数据并解释为逻辑1。将线路驱动至极限时，高速CAN总线串行数据总线（H）将升高1V，而高速CAN总线串行数据总线（L）将降低1V。极限电压差2V被认为是显性传输数据，并解释为逻辑0，如图1-3-10所示。

发送CAN信号时，电流从控制器的发送端流到CAN-H线，经过终端电阻流入CAN-L线，再返回控制器的接收端。如果通信信号丢失，程序将针对各控制模块设置失去通信故障诊断码。该故障诊断码可被故障诊断仪读取。注意，串行数据丢失故障诊断码不表示设置该故障诊断码的模块有故障。

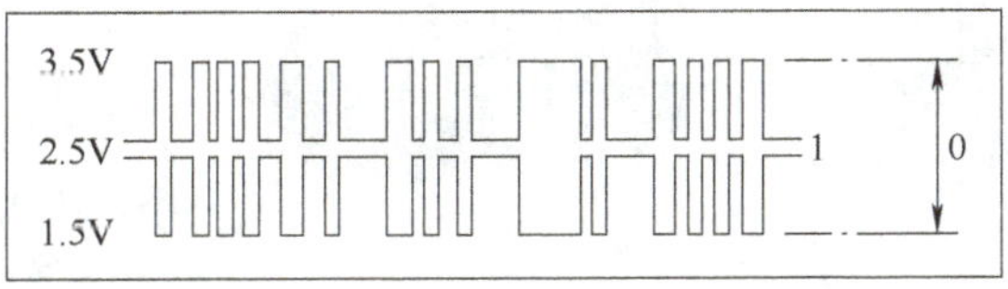

图1-3-10 高速CAN总线串行数据总线电压差

1.3.3 LIN总线系统

1. LIN总线的说明

除了CAN总线，业界还开发了针对低成本应用的汽车串行协议LIN（本地互联网络）总线，以支持车内分层式网络。LIN是一种低成本的串行通信网络，用来实现汽车中的分布式电子系统控制。LIN的目标是为现有汽车网络（如CAN总线）提供辅助功能，因此，LIN总线是一种辅助的总线网络。在不需要CAN总线的带宽及多功能的场合（空调系统和门窗控制系统）使用LIN总线可以大大节省成本，如图1-3-11所示。

2. LIN总线的工作原理

LIN网络由一个主节点、一个或多个从节点组成，该通信任务分为发送任务和接收任务；LIN网络上的通信总是由主节点的主发送任务所发起的，主控制单元发送一个起始报文，该起始报文由同步断点、同步字节和信息标识符组成。相应地接收并且滤除信息标识符后，一个从任务被激活并且开始本消息的应答传输。该答应由 2（或 4 和 8）个字节数据和一个校验码组成，起始报文和应答部分构成一个完整的报文帧。

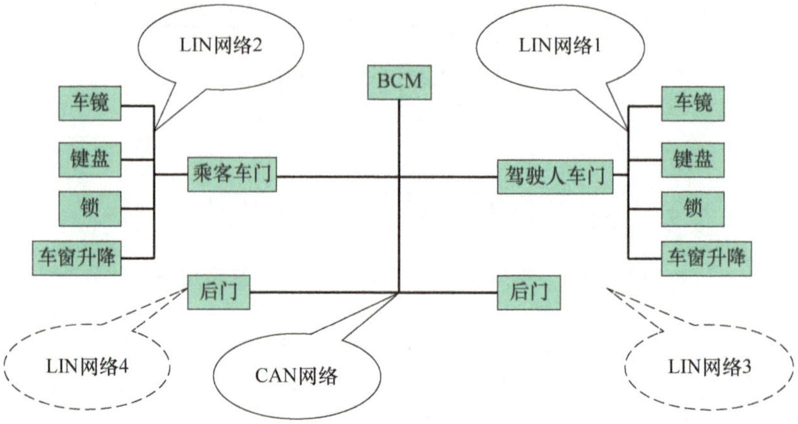

图 1-3-11　典型电动汽车 LIN 网络系统示意图

LIN 总线所控制的控制单元一般都分布在距离较近的空间，传输数据是单线，数据线最长可以达到 40m。在主节点内配置 1kΩ 电阻端接 12V 供电，在从节点内配置 30kΩ 电阻端接 12V 供电。各节点通过电池正极端接电阻向总线供电，每个节点都可以通过内部发送器拉低总线电压，如图 1-3-12 所示。

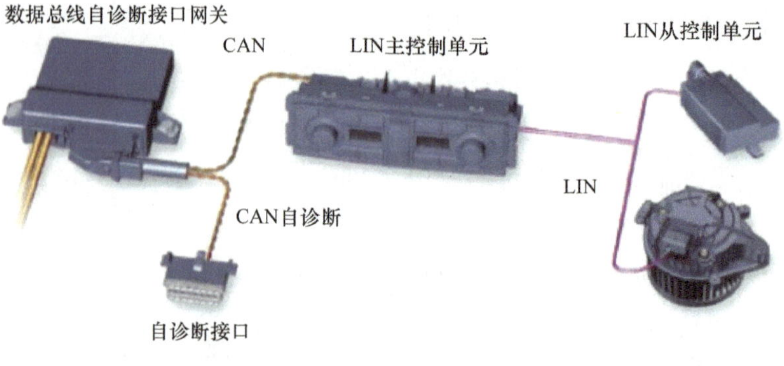

图 1-3-12　汽车采用 LIN 总线控制示意图

LIN 主控制单元连接在 CAN 数据总线上，监控数据传输过程和数据传输速率，发送信息标题，决定何时将哪些信息发送到 LIN 数据总线上多少次，在 LIN 数据总线系统的 LIN 控制单元与 CAN 总线直接起“翻译”作用，能够进行 LIN 主控制单元及与之相连的 LIN 从属控制单元的自诊断。

在 LIN 数据总线系统内，LIN 从属控制单元的通信受到 LIN 主控制单元的完全控制，只有在 LIN 主控制单元发出命令的情况下，LIN 从属控制单元才能通过 LIN 总线进行数据传输。单个的控制单元、传感器、执元件都相当于 LIN 从属控制单元，传感器是信号输入装置，传感器内集成有一个电控装置，它对测量值进行分析，分析后的数值是作为数字信号通过 LIN 总线进行传输的。有的传感器或者是执行元件只是用 LIN 主控制单元插口上的一个端子，就可以实现信息传输，也就是单线传输。

LIN 执行元件都是智能型的电子部件或机电部件，它们通过 LIN 主控制单元的 LIN 数字信号接收任务。LIN 主控制单元通过集成的传感器来获取执行元件实际的工作状态，然后就把规定状态和实际状态进行对比，并发出相应的控制指令。LIN 主控制单元发出控制指令后，传感器和执行元件才能做出反应。LIN 从属控制单元等待主控制单元的指令，根据需要与主控制单元进行通信。如果要结束休眠模式，LIN 从属控制单元可自行发送唤醒信号。LIN 总控制单元安装在 LIN 总线系统设备上。

1.3.4 吉利帝豪 EV450 纯电动汽车整车网络系统

吉利帝豪 EV450 纯电动汽车上使用了 3 种数据通信方式：CAN、K-LINE、K-LINE（诊断）。该车辆有 2 路 CAN 通信总线，即动力系统 P-CAN 和车身系统 V-CAN。

1. 吉利帝豪 EV450 纯电动汽车 P-CAN 与 V-CAN 网络的结构

吉利帝豪 EV450 纯电动汽车 P-CAN 网络系统中以 BMS 与电机控制器为两个终端，分别有两个 120Ω 的电阻。系统上有以下几个控制单元：电机控制器、减速器控制器、车载充电机、电子换档器、远程控制器、VCU、BMS 及诊断接口，这些控制模块及传输总线构成该车的 P-CAN 网络系统。

吉利帝豪 EV450 纯电动汽车 V-CAN 网络系统中以 ESC（电子稳定系统）与 BCM 为两个终端，分别有两个 120Ω 的电阻。系统上有以下几个控制单元：ESC、组合仪表控制单元、EPS（电动助力转向系统）、远程控制器、电子制动模块、整车控制模块、电动压缩机、空调控制面板、信息娱乐主机、全景影像系统、低速预警系统、电动座椅模块、安全气囊模块、转角传感器、VCU、BCM 及诊断接口，这些控制模块及传输总线构成该车的 V-CAN 网络系统。

吉利帝豪 EV450 纯电动汽车故障诊断接口与车辆故障诊断仪采用 K 线通信，当 2 路 CAN 总线系统出现故障时，都能通过诊断接口读取故障码，因此 2 路 CAN 总线都与诊断接口相连。该车的远程控制模块也与 2 路 CAN 总线相连，如图 1-2-1 所示。

P-CAN 与 V-CAN 是相互独立的网络系统，它们之间没有干涉，当系统中的某个模块或者电路出现故障时（短路故障），只会影响该模块所在的网络系统，对另外一个网络控制系统没有影响。

2. 吉利帝豪 EV450 纯电动汽车 LIN 网络的结构

吉利帝豪 EV450 纯电动汽车有很多地方都采用 LIN 网络控制系统，这里以车窗控制这部分为例加以说明。

在车窗控制这部分 LIN 总线网络控制中，可以看到它是以 BCM 为核心主控制单元，有以下 4 个从控制单元：左前电动车窗电机、右前电动车窗电机、左后电动车窗电机、右后电动车窗电机及诊断接口和 LIN 总线线束构成网络控制系统。4 个车窗开关提供上升和下降的开关信号，并把此信号发送给车窗电机模块，车窗电机模块通过 LIN 线与 BCM 通信，以此来驱动车窗的动作。打开点火开关时，BCM 会唤醒电机模块，当该系统出现故障时，BCM 用故障码的形式记录下来，利用故障诊断仪可以读取该故障码，如图 1-3-13 所示。

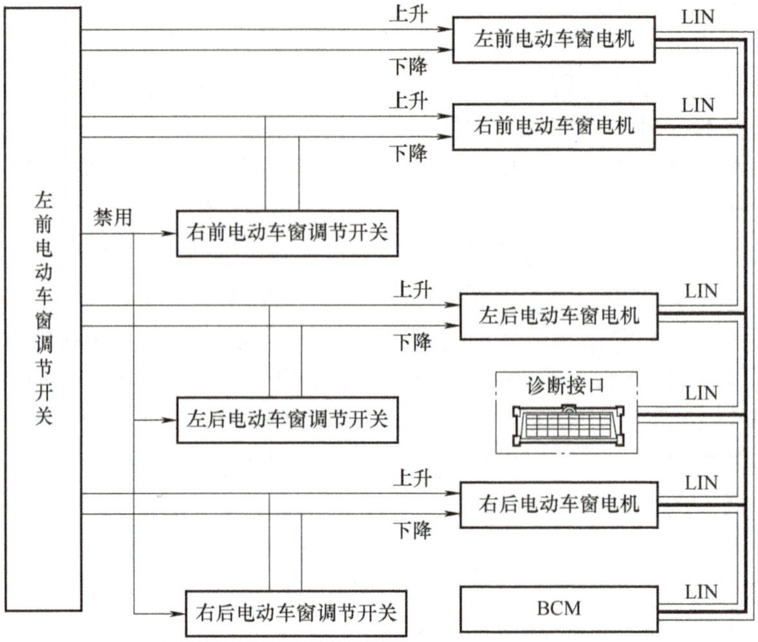

图 1-3-13　吉利帝豪 EV450 纯电动汽车电动车窗系统使用总线控制

实践技能

1.3.5　P-CAN 总线网络完整性的检查

1）将起动开关置于 OFF 位，断开低压电源负极接线柱，找到诊断接口插接器，如图 1-3-14 所示。

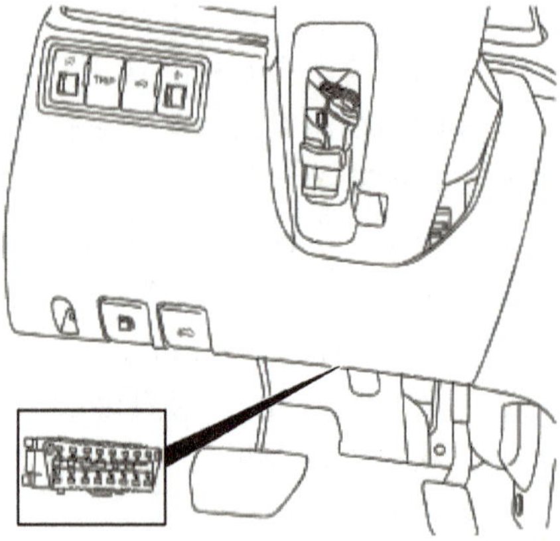

图 1-3-14　车辆诊断接口位置示意图

2）确认诊断接口 P CAN-H 和 P CAN-L 端子，如图 1-3-15 所示。

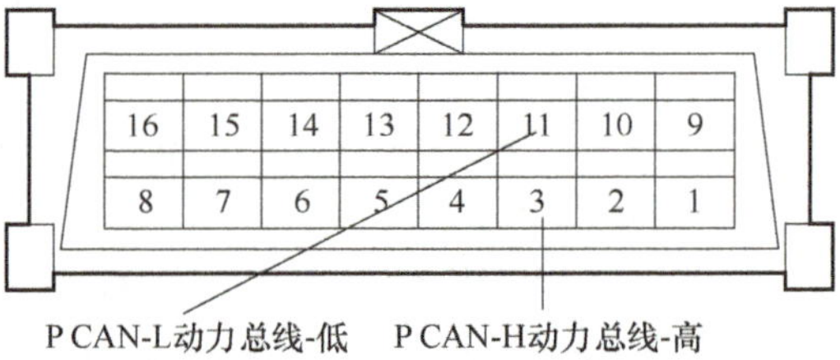

图 1-3-15　诊断接口线束插接器示意图

3）校准数字万用表，并测量诊断接口 3 号端口和 11 号端口之间的电阻。正确的读数应为 55～63Ω，表明 CAN 总线是完整的，如图 1-3-16 所示。如果测量值为 110～125Ω 或不导通时，表明 CAN 总线不完整，如图 1-3-17 所示。

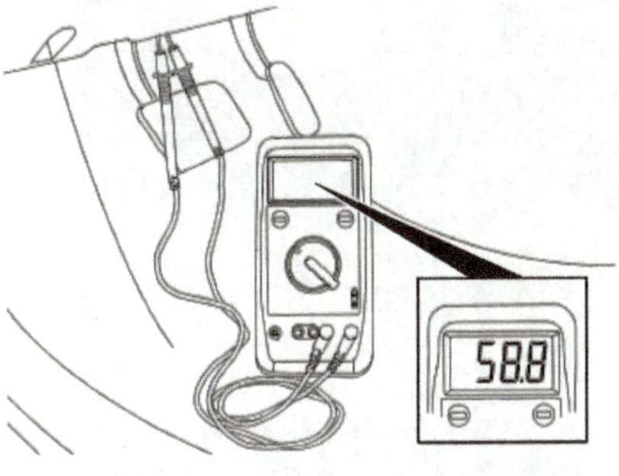

图 1-3-16 正常的终端电阻

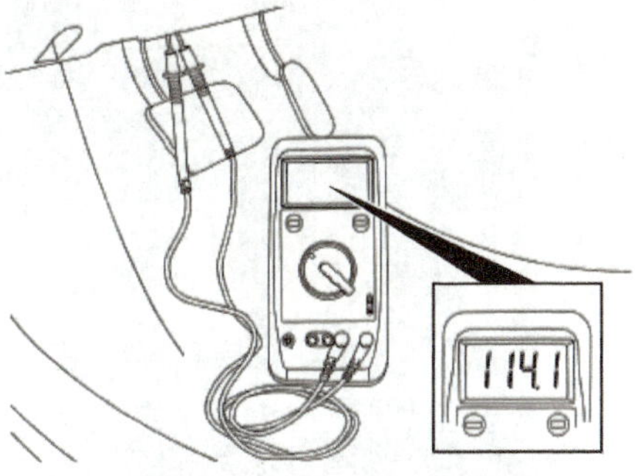

图 1-3-17 异常的终端电阻

1.3.6 P-CAN 总线波形的检测

1）找到车辆诊断接口位置，如图 1-3-18 所示。

2）将起动开关置于 ON 位，连接示波器。并调整周期为 10mS/div，幅值为 2V/div。利用示波器双通道检测，通道一接P CAN-H，负极线搭铁，通道二接 P CAN-L，负极线搭铁，如图 1-3-19 所示。

3）所测波形如图 1-3-19 所示。

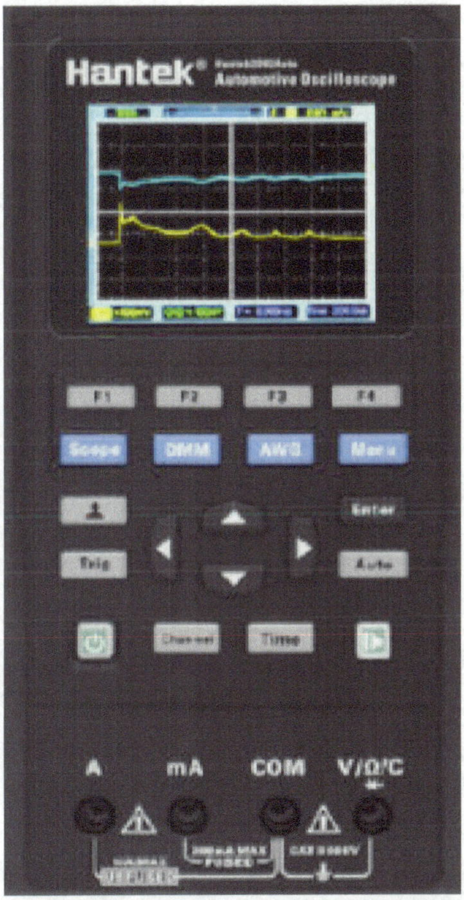

图 1-3-18 找到车辆诊断接口位置

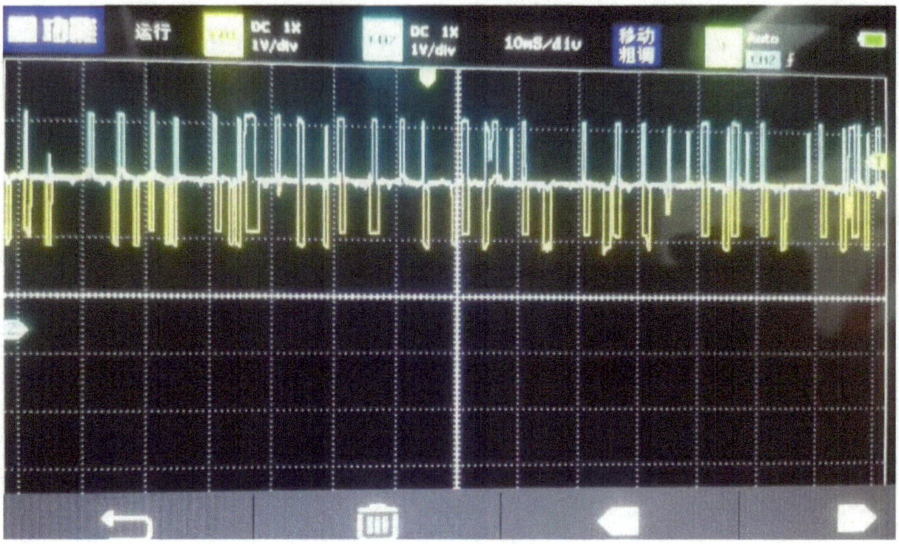

图 1-3-19 P-CAN 总线波形

学习小结

1. 总线的使用主要是为了减少车辆线束，减轻车身重量及减少制造成本，并且使车辆的安全性、可靠性得到更好的保障。汽车上常用的是 CAN 总线和 LIN 总线。

2. CAN 总线一般由 CAN 控制器、CAN 收发器、数据传输线和数据传输终端组成，CAN 总线的特点是有可靠的数据通信质量，并能满足不同的实时控制要求，而且它的线束安装比较方便。

3. LIN 总线是采用单主多从的控制方式，即由一个主控制单元和若干个从控制单元组成，运用在传输速率要求不高的网络系统中。

4. CAN 总线与 LIN 总线的区别如下：

工作方式：CAN 总线为多主或主/从方式，LIN 总线为单主/多从方式；

数据传输线：CAN 总线为双线传输，LIN 总线为单线传输；

工作电压：CAN 总线的工作电压为 5V，LIN 总线的工作电压为 12V；

传输速率：CAN 总线的传输速率最高为 1Mbit/s，应用于汽车上的属于中速（B 类）、高速（C 类），LIN 总线的传输速率最高为 20kbit/s，应用于汽车上的属于低速总线（A 类）；

节点数：CAN 总线最多 11 个节点，LIN 总线一般不超过 16 个节点。

5. 吉利帝豪 EV450 纯电动汽车整车网络系统使用了 3 种数据通信方式：CAN、K-LINE、K-LINE（诊断）。该车辆有 2 路 CAN 通信总线，即动力系统 P-CAN 和车身系统 V-CAN，2 路 CAN 通信总线相互独立，互不干涉。车辆上还有如空调系统和门窗控制系统等均采用了 LIN 总线控制。

6. P-CAN 和 V-CAN 总线的终端为两个 120Ω 的电阻，从诊断接口测量其值应为 55～63Ω，如果所测阻值为 110～125Ω，则为总线不完整。

学习情境 2

车身控制系统检测与维修

学习单元 2.1　车身控制系统认知

学习目标

1. 能够通过与客户交流和查阅相关维修技术资料获取车辆信息。
2. 能够独立制订工作计划并按计划实施。
3. 能够向客户介绍车身控制系统的作用和主要部件的安装位置。
4. 能够理解车身控制系统在汽车中的作用。
5. 能够利用故障诊断仪读取车身控制系统数据流。
6. 严格执行汽车的检修规范，养成严谨科学的工作态度。
7. 能根据环保的要求，正确处理对环境和人体有害的废料和损坏的零部件。

情境导入

作为一个汽车修理工，对汽车车身故障进行排除时，要对汽车进行车身控制系统状态参数的读取，请问你会正确使用故障诊断仪进行数据流的读取吗？

理论知识

2.1.1　汽车车身控制系统的概述

1. 汽车新技术的概述

近年来，在社会需求与法律法规的双重推动下，随着信息技术、计算机技术、汽车电子技术的迅速发展与在汽车中的应用，汽车电控技术与网络技术得到了蓬勃发展，汽车行业继续呈现多样化的发展趋势，尤其是以改善乘坐安全性、舒适性、节能环保为主要目的的汽车车身电控技术发展迅速。从《中国制造 2025》给出未来 10 年的八大任务、九大重点领域、十五大专项重大工程来看，未来应以节能与新能源汽车创新与产业化为目标，布局基于大数据系统的智能化汽车产业链建设，以实现智能网联汽车的批量应用。初步设想在 2020 年实现 V2V、V2X 之间的信息化，以智能网联汽车为代表的无人驾驶技术 ADAS（高级驾驶辅助系统）或将成为汽车行业发展的主流，预期在 2025 年实现智能网联汽车规模化运行。就目前构成智能网联汽车的基础技术而言，大致包括动力控制系统、底盘电控系统、车身电子与安全系统及车载网络系统。车身控制技术的主要发展方向包括以下几个方面：

1）满足用户个性化的需求，大幅度提高汽车的性能，使之更舒适方便、安全可靠。

2）满足社会需求，保护环境，节省能源，节约资源。

3）实现包括道路在内的交通系统智能化，将汽车和社会有机地连接起来，即智能网联汽车 ADAS。

仔细观察汽车车身控制系统的发展趋势，大致可再细分为 3 个方面，即增加功能、提高系统可靠性需求和增加软硬件复用。功能的增加要求在车辆的各个不同电子模块之间建立更有效、更稳定的通信机制；功能的增加必然意味着发生故障的可能性增加，所以现代车身电控系统对汽车系统的使用可靠性提出了更高的要求；“功能的增加”和“提高系统可靠性”的发展趋势，必然会导致更复杂的系统和器件解决方案，而解决问题的方法就是“软硬件复用”。

2. 汽车车身控制系统的结构

汽车车身控制系统是在汽车整体运行环境下能够独立使用的电控系统，它和汽车本身的性能并无直接关系，以节约能源、改善乘坐舒适性、使用方便性，提高汽车档次、安全性，满足现代通信的需要，增加享受型功能等为目的，多属辅助性功能，目前在汽车电控系统中是更新最快、新技术应用最广泛的领域。在汽车车身中的应用主要表现在以下几个方面：

1）汽车安全控制系统。

2）汽车使用方便性控制系统。

3）汽车车内环境舒适、娱乐系统。

4）汽车数字仪表与信息显示系统。

5）汽车智能化控制系统与车载网络系统。

汽车安全控制系统由主动安全系统与被动安全系统组成。其中，主动安全系统包括底盘安全控制技术（如 ABS/ASR/ESP、EPS、轮胎压力监测等）、车身主动安全装置（如 ADAS、倒车雷达、智能辅助泊车系统、智能防盗系统、驾驶人状态监视系统等），被动安全系统主要有已广泛应用的安全带、安全气囊系统等。

汽车使用方便性控制系统主要有巡航控制系统［CCS，或自动巡航控制系统（ACC)］、电动自动座椅控制系统、前照灯控制系统等。

汽车车内环境舒适、娱乐系统有自动空调控制系统、多媒体音响娱乐系统、电动门窗控制系统等。

汽车数字仪表与信息显示系统有多功能信息显示系统（仪表）、语音系统、接入式互联网等。

汽车智能化控制系统与车载网络系统有导航与定位系统、车载网络系统、车载电话、智能交通系统（ITS）、智能网联汽车等。因此，学生既要学习汽车车身电控各大子系统的结构与工作原理，又要掌握车身电控系统与车载网络系统的检修基础知识，最终为车身电控系统的故障诊断与检修服务。

2.1.2 吉利帝豪 EV450 纯电动汽车车身控制系统的组成

吉利帝豪 EV450 纯电动汽车车身控制系统是基于车身网 V-CAN 总线的多个系统的集合，如图 1-2-1 所示，按照各部件的功能，主要包含：BCM、ESC 控制模块、EPB（电子驻车制动系统）、EPS（电动助力转向系统）、远程控制系统、转角传感器、安全气囊系统、低速预警系统、组合仪表、360°全景影像控制模块、电子驻车制动模块、热管理控制器、电动座椅控制器等。

车身控制系统的主要部件如下：

1. ESC 控制模块

ESC 控制模块控制系统功能并检测故障。当点火开关接通并且未出现防抱死制动系统故障码时，系统给继电器通电，从而向电磁阀和泵提供蓄电池正极电压。ESC 控制模块不断检测车轮的状态，控制车轮的滑移率保持在一定的范围内，从而保持车辆的稳定性。液压控制管路采用对角线分路式配置，使制动总泵的油液一路流向左前轮和右后轮，另一路油液流向右前轮和左后轮。对角分路在液压控制上是隔离的，这样当一条制动主管路泄漏或出现故障时，另一条管路可保证连续的制动能力。

ESC 控制模块（图 2-1-1）包括如下主要部件：

1）ESC 控制模块。

2）ESC 泵及其继电器。

3）进油阀，每个进油阀控制一个车轮。

4）排油阀，每个排油阀控制一个车轮。

5）电磁线圈继电器。

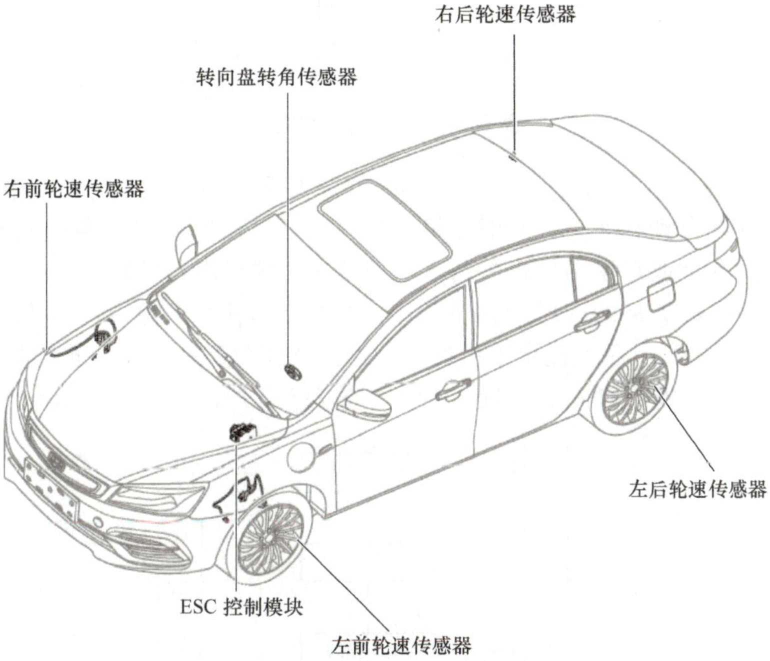

图 2-1-1　ESC 控制模块

2. EPB

由驻车制动控制电机直接控制后轮制动卡钳来实现驻车制动的 EPB，其主要部件包括驻车制动开关、驻车制动控制单元和驻车制动控制电机 3 部分。驻车制动开关位于变速杆左侧控制面板上，向上拉动驻车制动开关时驻车制动锁止，向下按下驻车制动开关时驻车制动释放。

EPB 设计有独立的控制单元，该控制单元安装在副仪表板内，变速杆安装在支架内的车身底板上面，其主要功能就是接收驻车制动开关的信息和CAN数据总线上的信息，通过对这些信息的处理和分析，然后对驻车制动控制电机进行控制。

驻车制动控制电机分别安装于后轮的左右制动卡钳上，该电机分为直流电机和齿轮箱两部分，并且与后轮制动卡钳集成到一起，部件出现故障后需更换带有EPB控制电机的制动卡钳总成，不能对EPB执行器进行单独更换。控制电机在驻车制动期间工作，控制电机内部没有相应的传感器检测制动片的夹紧力，而是通过啮合制动片时负荷的变化导致电机电流的变化来了解制动片的夹紧力，然后由EPB控制单元控制直流电机的工作情况，如图2-1-2所示。

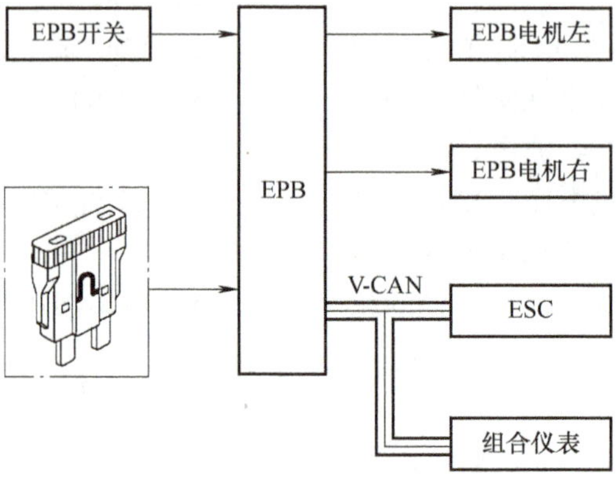

图2-1-2　EPB控制系统

3. 低速预警系统

纯电动汽车在纯电动状态下行驶时车辆的噪声较小。视力受损或观察不仔细的行人在通过新能源汽车行驶方向时，可能存在危险。因此，电动汽车往往具备低速预警系统，当车速低于30km/h时发出提示音，提示行人，以降低电动汽车与行人相碰撞的伤害率。

低速预警系统主要由低速预警控制器、低速预警扬声器及相关线束组成。低速预警控制器内部由电源模块、功放模块、语音模块、MCU模块、CAN通信模块等组成，如图2-1-3所示。

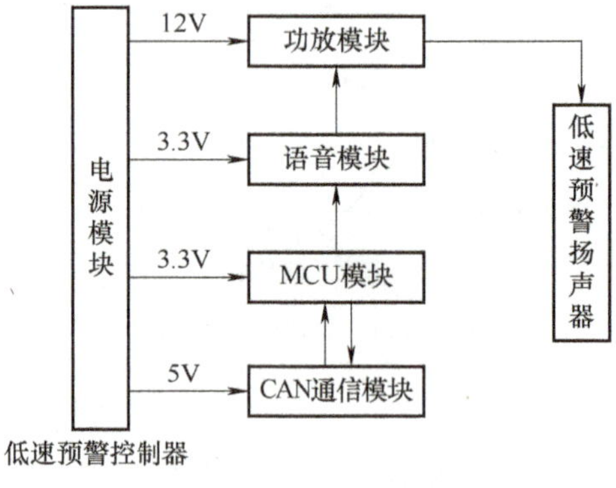

图2-1-3　低速预警系统

4. 安全气囊系统

安全气囊系统为乘员提供了除安全带之外的辅助保护，是一种被动安全系统。安全气囊系统具有多个充气保护模块，分布在车辆的不同位置上，包括转向盘、仪表台、前排座椅靠背、车顶纵梁。除了充气保护模块之外，车辆还可配备安全带预紧器。在车辆发生碰撞时，它会张紧安全带，从而在充气模块展开的同时增大乘员与安全气囊之间的距离。每个充气模块都有一个点爆回路，该回路由安全气囊控制模块进行控制。当安全气囊电子控制单元（ACU）检测到碰撞的冲击力足够大时，控制安全气囊展开。安全气囊控制模块对安全气囊系统的电气部件进行连续诊断监测。当检测到电路故障时，安全气囊控制模块就设置一个故障诊断码，并点亮安全气囊警告灯，以通知驾驶人。

转向柱采用吸能式设计，在发生正面碰撞时，可以收缩，降低了驾驶人的受伤概率。

安全气囊电子控制单元接收传感器的信号，用以判断碰撞的严重程度。当信号值大于存储器中的设定值，安全气囊电子控制单元发出点火指令，从而展开安全气囊系统相应的充气模块。当遇到冲击力足够大的正面碰撞，正面安全气囊和安全带预紧器就会展开；当遇到冲击力足够大的侧面碰撞，前排侧安全气囊、安全气帘以及安全带预紧器就会展开。安全气囊电子控制单元确认碰撞信号后，会在20ms内向总线发送“碰撞解锁和断电”信号，20ms为一个周期，共发送3s。BCM和BMS连续收到3个以上的信号，就会分别执行解锁和断电功能，控制逻辑如图2-1-4所示。

5. 组合仪表

帝豪EV车型仪表设计独特，TFT液晶图形以及LED灯形式显示，显示方式新颖并且节省空间。仪表显示的内容主要包括：车速、功率、电池电量、档位、里程、平均耗电、纯电巡航、行驶模式、充电模式、部分报警图标及其他LED显示车载信号，如图2-1-5所示。

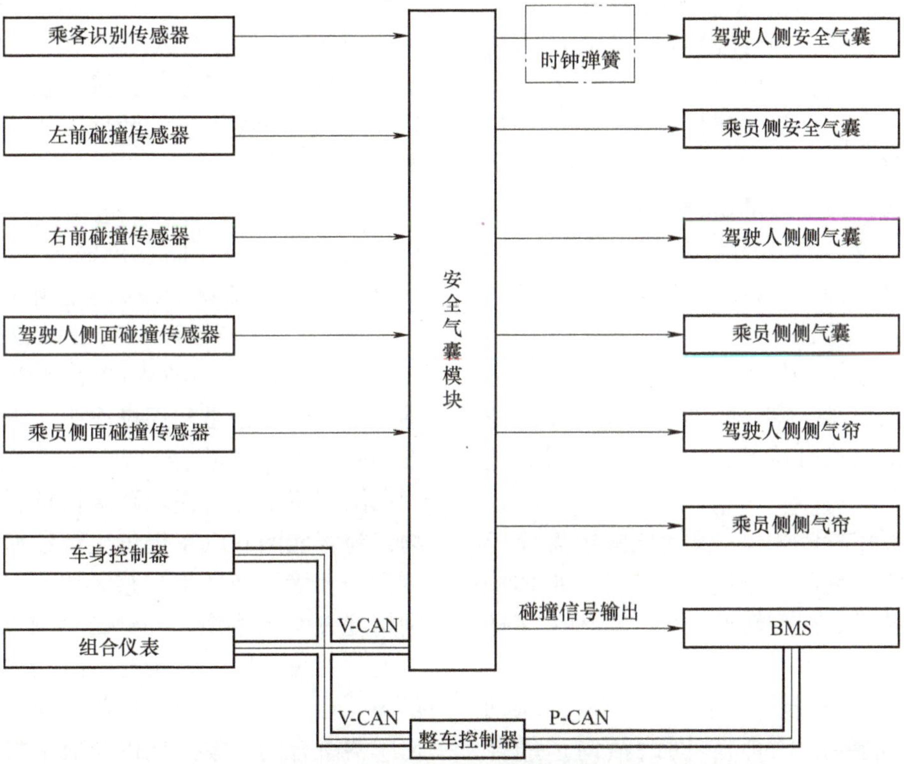

图2-1-4　安全气囊系统控制逻辑图

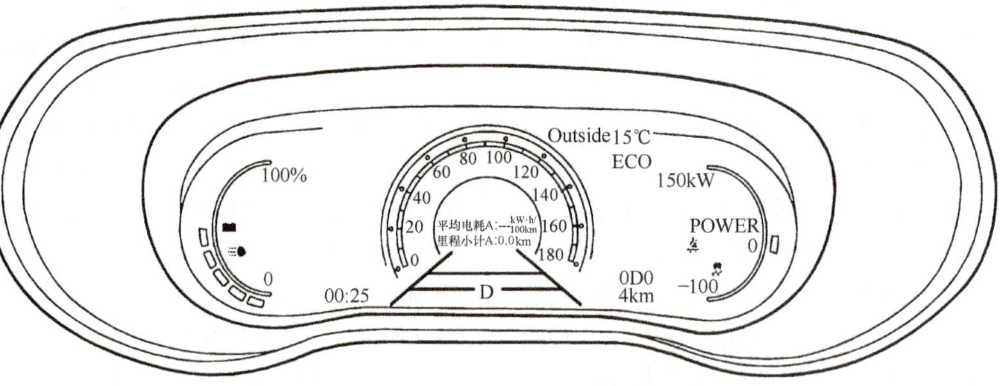

图 2-1-5　组合仪表

扩展阅读

2.1.3　智能网联汽车的关键技术与趋势

智能网联汽车是指搭载先进传感器、控制器和执行器等装置，融合现代通信与网络技术，实现车与车、路、人等智能信息交换、共享，具备复杂环境感知、智能决策和协同控制等功能，可实现安全、高效、舒适、节能行驶，并最终替代人操作的新一代汽车。智能网联汽车可以提供更安全、更节能、更环保、更便捷的出行方式。

1. 智能网联汽车的关键技术

智能网联汽车其技术架构涉及的关键技术主要有以下 6 种：

1）环境感知技术，包括利用机器视觉的图像识别技术、雷达的周边障碍物检测技术、多源信息融合技术、传感器冗余设计技术等。

2）智能决策技术，包括危险事态建模技术、危险预警与控制优先级划分、群体决策和协同技术、局部轨迹规划、驾驶人多样性影响分析等。

3）控制执行技术，包括面向驱动/制动的纵向运动控制、面向转向的横向运动控制、基于驱动/制动/转向/悬架的底盘一体化控制，融合车联网通信及车载传感器的多车队列协同和车路协同控制等。

4）V2X 通信技术，包括车辆专用通信系统、车间信息共享与协同控制的通信保障机制、移动网络技术、多模式通信融合技术等。

5）云平台与大数据技术，包括云平台架构与数据交互标准、云操作系统、数据高效存储和检索技术、大数据关联分析和深度挖掘技术等。

6）信息安全技术，包括汽车信息安全建模技术，数据存储、传输与应用三维度安全体系，信息安全漏洞应急响应机制等。

2. 智能网联汽车关键技术的发展现状

（1）环境感知技术的发展现状　环境感知系统的任务是利用摄像头、雷达和超声波等主要车载传感器以及 V2X 通信系统感知周围环境，通过提取路况信息、检测障碍物，为智能网联汽车提供决策依据。由于车辆行驶环境复杂，当前感知技术在检测与识别精度方面无法满足自动驾驶发展的需要，深度学习被证明在复杂环境感知方面有巨大优势。在传感器领域，目前涌现了不同车载传感器融合的方案，用以获取丰富的周边环境信息，高精度地图与定位也是车辆重要的环境信息来源。

（2）自主决策技术的发展现状　决策机制应在保证安全的前提下适应尽可能多的工况，进行舒适、节能、高效的正确决策。常用的决策方法有状态机、决策树、深度学习和增强学习等。状态机是用有向图表示决策机制，具有高可读性，能清楚表达状态间的逻辑关系，但需要人工设计，不易保证状态复杂时的性能。决策树是一种广泛使用的分类器，具有可读的结构，同时可以通过样本数据的训练来建立，但是有过拟合的倾向，需要广泛的数据训练，效果与状态机类似，在部分工况的自动驾驶上应用。深度学习与增强学习在处理自动驾驶决策方面，能通过大量的学习实现对复杂工况的决策，并能进行在线的学习优化，但对未知工况的性能不易明确。

（3）控制执行技术的发展现状　控制系统的任务是控制车辆的速度与行驶方向，使其跟踪规划的速度曲线与路径。现有自动驾驶多数针对常规工况，较多采用传统的控制方法。性能可靠、计算效率高，已在主动安全系统中得到应用。现有控制器的工况适应性是一个难点，可根据工况参数进行控制器参数的适应性设计。在控制领域中，多智能体系统是由多个具有独立自主能力的智能体，通过一定的信息拓扑结构相互作用而形成的一种动态系统。用多智能体系统方法来研究车辆队列，可以显著降低油耗、改善交通效率以及提高行车安全性。

（4）通信与平台的发展现状　车载通信的模式，依据通信的覆盖范围可分为车内通信、车际通信和广域通信。车内通信，从蓝牙技术发展到 Wi-Fi 技术和以太网通信技术。车际通信，包括专用的短程通信技术和正在建立标准的车间通信长期演进技术。广域通信，指目前广泛应用在移动互联网领域的 4G 等通信方式。通过网联无线通信技术，车载通信系统将更有效地获得的驾驶人信息、自车的姿态信息和汽车周边的环境数据，进行整合与分析。通信与平台技术的应用，极大提高了车辆对于交通与环境的感知范围，为基于云控平台的汽车节能技术的研发提供了支撑条件。车辆通过车与云平台的通信将其位置信息及运动信息发送至云端，云端控制器结合道路信息以及交通信息对车辆速度和档位等进行优化，以提高车辆燃油经济性，并提高交通效率。

3. 智能网联汽车的发展趋势

（1）人工智能（AI）技术快速发展和应用　人工智能技术在智能网联汽车上正在得到快速应用。尤其在环境感知领域，深度学习已凸显出巨大优势。深度学习需要大量的数据作为学习的样本库，对数据采集和存储提出了较高需求，还存在内在机理不清晰、边界条件不确定等缺点，需要与其他传统方法融合使用，以确保可靠性，且目前也受限于车载芯片处理能力。

（2）激光雷达等先进传感器加速发展　激光雷达相对于毫米波雷达等其他传感器具有分辨率高、识别效果好等优点，已越来越成为主流的自动驾驶汽车用传感器。但由于体积大、成本高，同时也更易受雨、雪等天气条件的影响，导致其还不能大规模商业化应用。目前，激光雷达正在向着低成本、小型化的固态扫描或机械固态混合扫描形式发展。

（3）自主式智能与网联式智能技术加速融合　网联式系统能从时间和空间维度突破自主式系统对于车辆周边环境的感知能力。在时间维度，通过 V2X 通信，系统能够提前获知周边车辆的操作信息等交通控制系统信息以及气象条件、拥堵预测等未来状态信息。在空间维度，通过 V2X 通信，系统能够感知交叉路口盲区、弯道盲区、车辆遮挡盲区等位置环境信息，使自动驾驶系统更全面地掌握周边交通态势。网联式智能技术与自主式智能技术相辅相成，互为补充，正在加速融合发展。

（4）高速公路与低速区域自动驾驶系统将率先应用　高速公路与城市低速区域将是自动驾驶系统率先应用的场景。高速公路的车道线、标示牌等结构化特征清晰，交通环境相对简单，适合车道偏离报警、车道保持系统、自动紧急制动、自适应巡航控制等驾驶辅助系统的应用。而在特定的城市低速区域内，可提前设置好高精度定位、V2X等支撑系统，有利于实现在特定区域内的自动驾驶。

实践技能

2.1.4 车身控制系统输入的故障分析

1. 故障现象

吉利帝豪EV450纯电动汽车在停放一段时间后，发现汽车无法解锁，汽车通过机械钥匙进入后，汽车无法起动，无ACC，无ON档，无法上高压电，双闪警报，仪表显示如图2-1-6所示。

图2-1-6　仪表盘故障提示

初步判断，汽车车门无法解锁，车身控制系统的很多模块都能正常工作，车窗、刮水器等都正常，一键启动指示灯变黄，如图2-1-7所示，接下来需要进行深入的故障排除工作。

图2-1-7　仪表盘故障提示

2. 故障诊断过程

（1）安全提示　BCM输入电路属于低压系统，在进行故障检修时，无须高压下电，但是进行操作时需要注意安全，必要时进行低压系统下电，搭铁测试时关闭起动开关，严格按照作业流程进行操作。

（2）读取故障码　为了缩小故障点的排查范围，首先需要利用故障诊断仪读取车辆故障码，具体操作步骤如下：

1）打开车门。

2）安装脚垫。

3）安装转向盘套。

4）安装座椅套。

5）将起动开关置于OFF位。

6）将故障诊断仪连接端子一头插在车辆故障诊断接口上。

7）将端子另一头插在故障诊断仪计算机上。

8）将起动开关置于 ON 位。

9）运行故障诊断软件。

10）选择吉利帝豪 EV450 纯电动汽车。

11）选择车身控制系统。

12）选择整车控制器。

13）通过读取故障码，发现诊断软件上有 5 个故障，分别为：B100E13 右转向灯开路或者某个灯泡损坏、B100F13 左转向灯开路或者某个灯泡损坏、B128229 ACC 继电器控制输出无效、B128329 IGN1 继电器控制输出无效、B12A053 与发动机认证失效等，如图 2-1-8 所示。

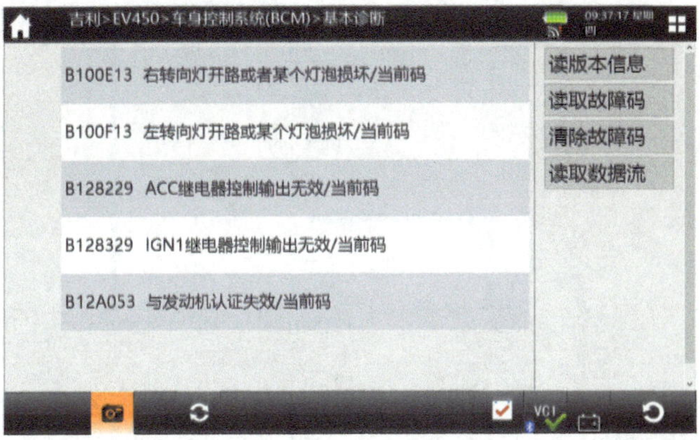

图 2-1-8　5 个故障码

经过清除故障码和再次读取故障码后，发现车辆仍存在图 2-1-8 中的故障，此时可以初步确定 BCM 存在故障。

吉利帝豪 EV450 纯电动汽车车身控制系统部分供电电路图如图 2-1-9 所示，对应熔丝分别是 IF01、IF02、IF03、IF04，再根据转向灯电路图（图 2-1-10），可以初步怀疑是 IF01 熔丝故障。

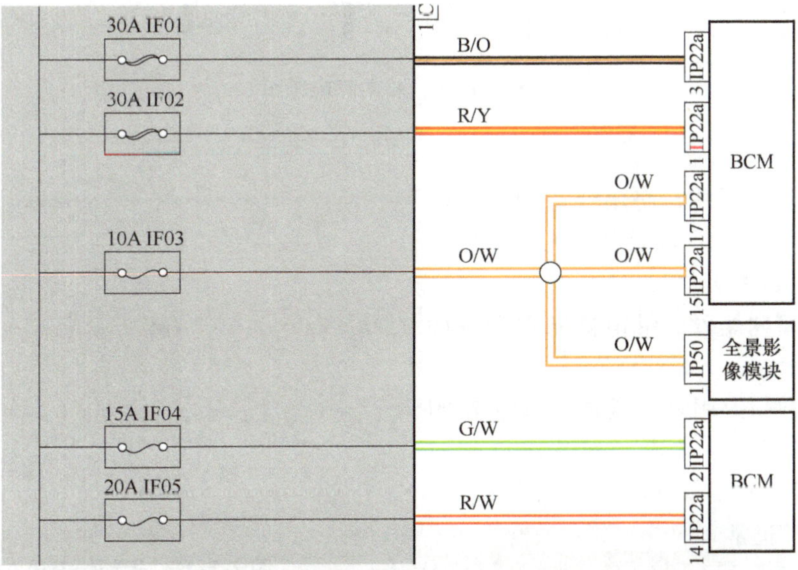

图 2-1-9　吉利帝豪 EV450 纯电动汽车车身控制系统部分供电电路图

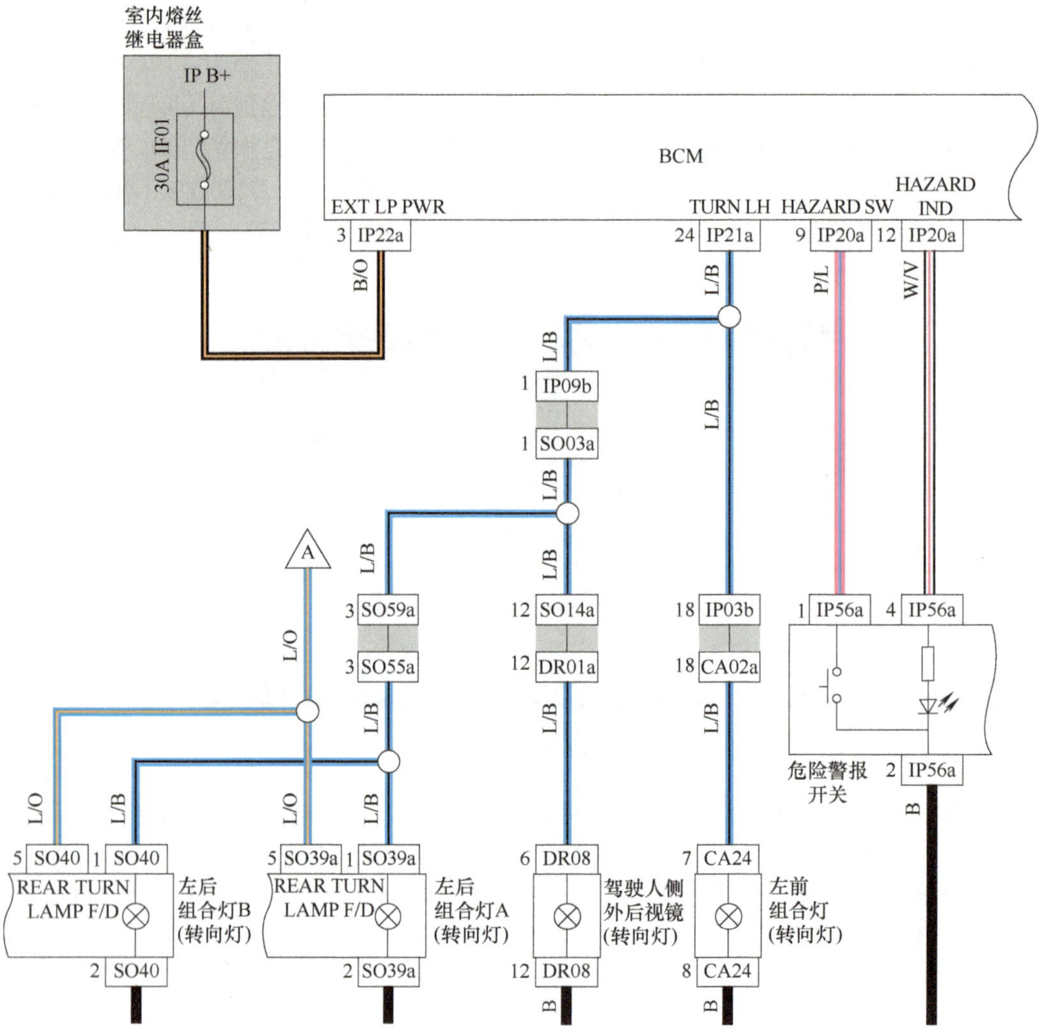

图 2-1-10　转向灯电路图

（3）故障检修

1）关闭起动开关，使用合适的工具拆卸仪表板左侧端盖，可以看到车内熔丝供电盒，如图 2-1-11 所示。

2）查看室内熔丝、继电器布置图，如图 1-1-15 所示。

3）使用数字万用表电压档，测量 BCM 供电熔丝 IF02 输入、输出，测得 IF02 熔丝输入- GND 12.53V，测得 IF02 熔丝输出- GND 12.53V，正常。

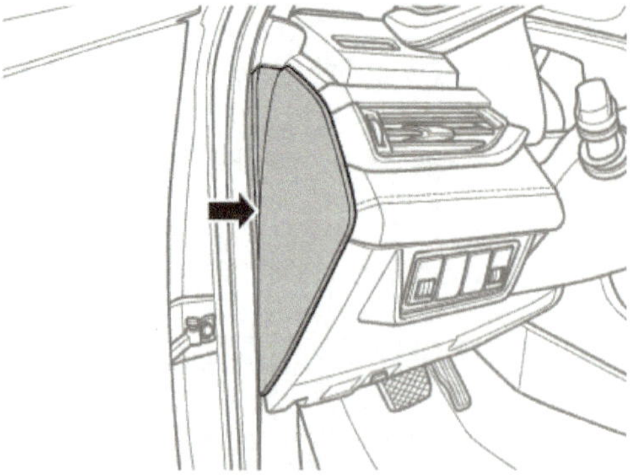

图 2-1-11　拆卸仪表板左侧端盖

4）使用数字万用表电压档，测量 BCM 供电熔丝 IF01 输入、输出，测得 IF01 熔丝输入- GND 12.53V，测得 IF01 熔丝输出- GND 0V，异常，拔下 IF01 熔丝，目视熔丝熔断，用数字万用表电阻档测量，测得 IF02 熔丝两端电阻无穷大，异常。

5）用万用表电阻档测量 IF01 输出，电阻为无穷大，正常。

6）确定故障为 IF01 熔丝熔断，更换 IF01 熔丝。

3. 试车

更换 IF01 熔丝，重新进行车辆起动测试，发现汽车可以正常起动，读取 BCM 故障，BCM 已经没有故障码，说明汽车故障已经排除。

4. 工位复位

1）取下翼子板布、格栅布。

2）关闭前机舱盖。

3）取下三件套。

学习小结

1. 电动汽车车身控制系统是基于 CAN 总线的多个控制系统的集成系统，以车身控制器为管理核心，实现电正常使用，是汽车的核心部件。

2. 所谓车身控制器，就是由控制器通过汽车运行过程中各个部件的运行状态合理控制车辆的能量分配，协调各部件的性能，在保证汽车正常运行的前提下，实现汽车的最佳运行状态。

3. 按照各部件的功能，可以将吉利帝豪 EV450 纯电动汽车的车身控制系统分为防盗功能、门锁控制功能、灯光控制、车窗控制、加热管理、CAN 管理等。

学习单元 2.2 车身控制器检查与更换

学习目标

1. 能够通过与客户交流和查阅相关维修技术资料获取车辆信息。
2. 能够独立制订工作计划并按计划实施。
3. 能够向客户介绍车身控制器的作用。
4. 能向客户介绍高压上电、下电流程。
5. 能遵守个人和车间安全作业要求，注重个人安全防护。
6. 严格执行汽车的检修规范，养成严谨科学的工作态度。
7. 能够完成车身控制器的更换。
8. 能正确地检查工作结果并进行自我评估。

情境导入

假如你是吉利新能源 4S 店的一名车辆维修人员，接到一辆汽车无法解锁进入车内，经过检测后，发现车身控制器存在故障，现需要根据正确的操作规范进行车身控制器的更换，你知道如何更换吗？

理论知识

2.2.1 车身控制器的概述

车身控制器（Body Control Module，BCM），又称为车身电脑（Body Computer），在汽车工程中是指用于控制车身电气系统的ECU，是汽车的重要组成部分之一。

车身控制器常见的功能包括控制电动车窗、电动后视镜、空调、前照灯、转向灯、防盗锁止系统、中控锁、除霜装置等。车身控制器可以通过总线与其他车载ECU相连。

1. 车身控制器的任务

车身控制器的重要任务是简化操作，减少乘员的手动操作，以免分散乘员的注意力。汽车车身控制器主要用于增强汽车的安全性、舒适性和方便性。

1）增强汽车安全性：安全气囊、安全带、中央防盗门锁。

2）增强汽车舒适性：自适应空调、座椅控制。

3）增强汽车方便性：自动车窗、电动门锁、电动后视镜、电动车顶（天窗）等和满足多种用电设备需求的电源管理系统等。还有和车外连接，以及协调整车各部分电子控制单元的功能，将大量计算机、传感器与交通管理服务系统连接在一起的综合显示系统，驾驶人信息系统，导航系统，计算机网络系统，状态监测与故障诊断系统等。

2. 车身控制器的功能

它具备的功能如下：

1）接收传感器或其他装置输入的信息，将输入的信息转变为微处理器所能接收的信号。

2）存储、计算、分析处理信息，分析输出值所用的程序，存储该车型的特点参数、运算中的数据（随存随取）、存储故障信息。

3）运算分析。根据信息参数求出执行命令数据，将输入的信息与标准值进行对比，检查、处理故障。

4）输出执行命令。将弱信号转变为执行命令，输出故障信息，自我修正。

3. 车身控制器的组成部分

（1）输入回路　输入车身控制器的传感器信号有两种：一种是模拟信号，另一种是数字信号。信号的类型不同，输入车身控制器后的处理方法也不一样。从传感器输出的信号输入车身控制器后，首先通过输入回路，输入回路将模拟信号和数字信号转换为合适的电平后信号输入微控制器。

（2）微控制器　微控制器的主要功能是根据车身控制的需要，把各种传感器送来的信号用内存的程序和数据进行运算处理，并把处理结果送往输出回路。

（3）输出回路　由于微控制器输出的是电压很低的数字信号，这种信号一般是不能直接驱动执行元件的，而输出回路的功用就是将微控制器输出的数字信号转变为可执行元件的输入信号。

4. 车身控制器的特点

车身控制器主要有以下特点：

1）经过数十年的迅速发展，车身电子产品日益完善。为了满足日趋严格的排放标准、逐渐提高的安全性能要求以及对舒适性的要求，车身电子产品的功能变得越来越多，控制单元模块也越来越复杂。因此，车身控制器应能实现集成化和综合化，应具备极高的可靠性。

2）由于车身控制器控制机械系统的传统布局正逐步向机电一体化的设计思路转变。这样对电子器件的抗振动、耐高温提出极高的要求。因此，车身控制器的专用集成应尽量地集成分立式传感器和执行器。

3）随着市场对车身控制器性能的要求进一步提高，车身控制器的开发难点日益聚焦在开发高可靠性的控制软件上。因此，在对车身控制器进行软件设计时，应尽量采用适合的控制算法。

5. 车身控制器的设计原则

在设计车身控制系统时，考虑车身控制器的特殊性，必须遵循以下原则：

1）舒适性和合理性：例如在一些人性化的配置功能上，乘员可以用手动开关将座椅后视镜、转向盘调整到最佳位置，然后存储起来。每个乘员可以根据不同的需要设置不同的位置。

2）安全性和可靠性：如不同的电机有不同的热力特征，在连续驱动电机时应采用不同的起停控制方案，以避免电机过热。本车身控制器考虑采用成熟的技术和产品，在设计选型和系统的设计中尽量减少故障的发生，选择智能性芯片可以对电气设备的状态进行监控并反馈给微控制器。

3）科学性和规范性：车身控制系统和一般的系统不同，其是一个先进复杂的综合性系统，必须从系统的设计开始，包括调试直到验收的全过程，都要严格按照国家的有关规定和规范，做好系统的标准化设计和科学的管理工作。

4）先进性和可扩展性：车身控制系统要充分利用现代最新技术，使系统在尽可能长的时间内与社会发展相适应。由于现代科学技术的飞速发展，故必须考虑到今后的发展需要，设计要有前瞻性和可扩展性。随着车身电气设备的逐渐增加，在设计系统时要预留多个控制接口和检测接口。

2.2.2 吉利帝豪 EV450 纯电动汽车车身控制原理

吉利帝豪 EV450 纯电动汽车车身控制器采用了集中控制与分布式处理相结合的车辆控制系统结构，各个部件都有独立的控制器，车身控制器对整个系统集中进行能量管理及各部件的协调控制。为了满足系统数据交换量大，实时性、可靠性要求高的特点，整个分布控制系统之间采用 V-CAN 总线进行通信。吉利帝豪 EV450 纯电动汽车车身控制器是整车的大脑，是汽车起动的最重要部件，是汽车能正常解锁进入并正常上电的基础，车身控制系统按照部件连接特性可以分为机械连接、电气连接及信号连接，按类型又可以将信号分为输入信号、输出信号及通信信号。车辆车身的各个部件协同工作、受到车身控制器集中控制。因此，车身控制器作为电动汽车的低压“大脑”，在汽车控制系统中起到至关重要的作用，下面对吉利帝豪 EV450 纯电动汽车车身控制系统的主要功能进行分析。

1. 智能钥匙进入和起动逻辑

吉利帝豪 EV450 纯电动汽车的智能钥匙和起动逻辑是汽车在静止停放状态下，通过钥匙解锁，唤醒车辆，再进行上电的这个过程，具体的起动逻辑如图 2-2-1 所示。

汽车在静止状态下，整车全部部件都是处于不工作状态，车身控制器上有一小部分处于工作待命状态，这部分就是防盗系统，一旦汽车天线接收到钥匙发送的 ID 编码，汽车将进入待起动状态。

吉利帝豪 EV450 纯电动汽车起动的流程如下：

第一步：有效钥匙、防盗认证通过 ESCL 解锁有效、档位在 P/N 档、制动踏板踩下、IG 继电器无故障，一键启动按下。

第二步：车身控制器控制 IG1/IG2 继电器闭合。

第三步：整车各个模块自检正常，满足上电条件。

第四步：车身控制器发送 START 信号给 VCU，VCU 检测各个模块正常满足上电条件发送的 Closed Main Relay 指令。

第五步：BMS 控制高压继电器吸合，整车上高压电。

第六步：VCU 发送 READY 指示信号到仪表，仪表显示 READY，车辆上电完成，如图 2-2-2 所示。

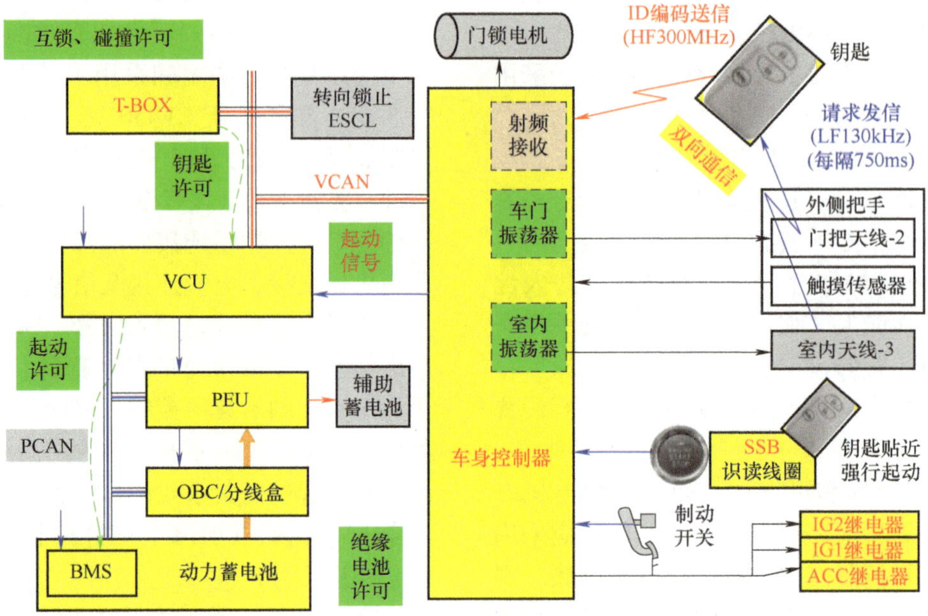

图 2-2-1　吉利帝豪 EV450 纯电动汽车车身控制系统图

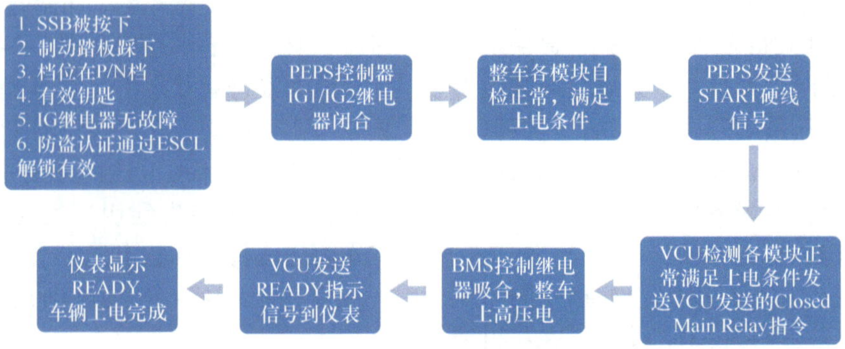

图 2-2-2　车辆起动流程图

2. 中控门锁

（1）门锁　门锁主要由电机、微动开关、壳体和拉杆等组成。乘客侧门锁内有一个电机，一个微动开关。电机工作电压为 9～16V，工作电流小于 2A，堵转电流为 3A。微动开关反应车门是否开启，如图 2-2-3 所示。

驾驶人侧门锁在乘客侧门锁的基础上增加 2 个微动开关，一个反应左前门锁状态信号，另一个反应机械锁芯状态信号。

系统设有 2 个门锁开关，一个位于左前门锁内，另一个位于左前门中控开关内。两个门锁开关的上锁信号共同输入车身控制器同一个输入端子，但解锁信号是分别输入的。驾驶人车门钥匙锁芯只能单独解锁车门，但可以锁止所有车门。

（2）上锁操作　当BCM接收到开关上锁输入信号或者满足自动落锁条件时，从BCM的上锁输出端输出电源，控制5个车门的门锁电机执行上锁操作。

（3）解锁操作　当车身控制器接收到开关解锁输入信号或者满足自动解锁条件时，从车身控制器的解锁输出端输出电源，控制4个门外加背门的门锁电机执行解锁操作。可通过操作背门并通过无钥匙进入模块与车身控制器信号控制，以进行单独开启，门锁控制逻辑图如图2-2-4所示。

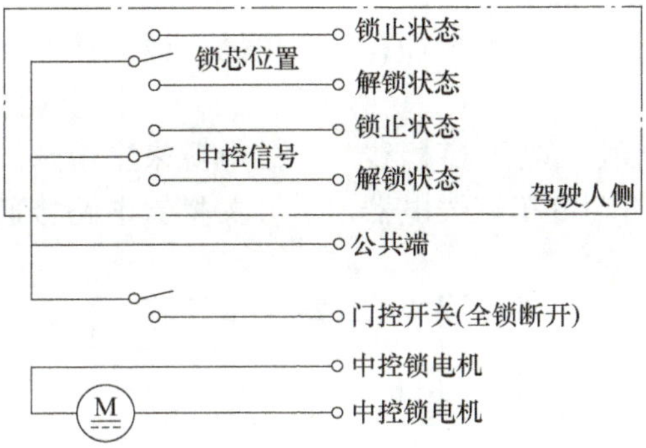

图2-2-3　门锁原理图

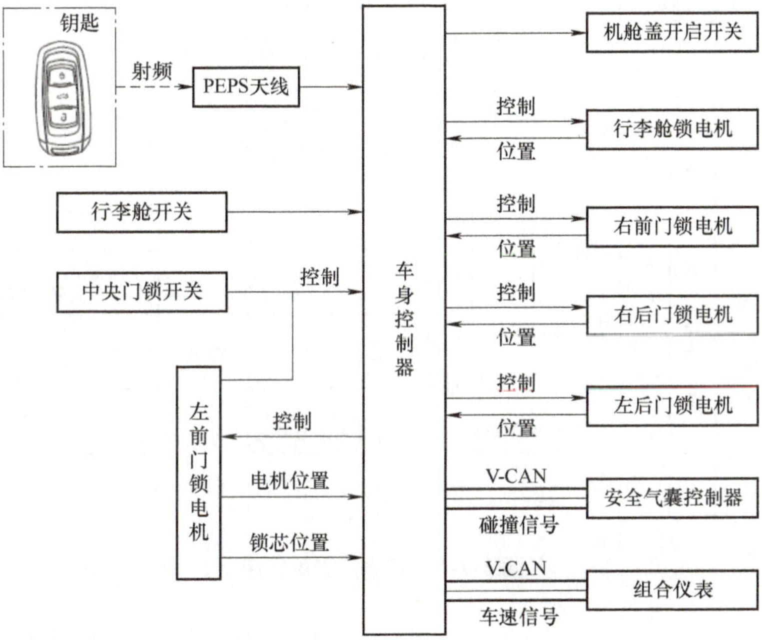

图2-2-4　门锁控制逻辑图

3. 灯光控制

吉利帝豪EV450纯电动汽车灯光包括前照灯、室内灯、转向灯、制动灯、倒车灯、雾灯、日间行车灯、牌照灯、充电指示灯、阅读灯、迎宾灯、行李舱灯等，这些灯工作都是驾驶人根据使用的需要，拨动组合开关，将信号发送给车身控制系统，车身控制系统接收到相关信号，再闭合相关灯光的继电器，给灯泡供电，以实现照明，逻辑图如图 2-2-5 所示。

(1) 制动灯的工作原理　制动灯受布置于制动踏板上的制动灯开关控制。当制动踏板被踩下时，工作电压通过开关直接加在制动灯灯泡上。

(2) 倒车灯的工作原理　电子换档线束插接器输出工作电压来驱动倒车灯继电器吸合，点亮倒车灯。仪表倒车档位信息通过 CAN 网络接收显示。

(3) 阅读灯的工作原理　当阅读灯的开关处于 DOOR 档，阅读灯的电源来自 BCM 线束插接器。当车门打开时，门控开关搭铁电路接通，使阅读灯点亮。

(4) 迎宾灯的工作原理　迎宾灯的电源来自熔丝。当车门打开时，门控开关搭铁电路接通，使迎宾灯点亮。

(5) 行李舱灯的工作原理　行李舱灯的电源来自熔丝。当行李舱门打开时，门控开关搭铁电路接通，使行李舱灯点亮。

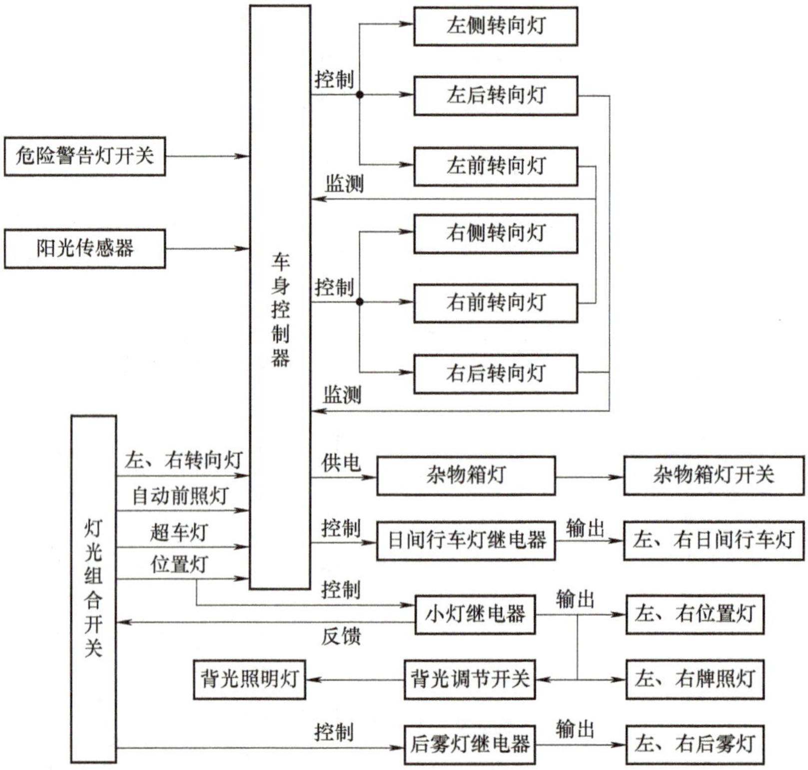

图 2-2-5　灯光控制逻辑图

2.2.3 车身控制器插接器端子的认识

车身控制器有 5 个插接器，分别是 IP20a、IP21a、IP22a、IP23、IP24，5 个插接器负责车身控制器的不同功能。

1. IP20a BCM 线束插接器 1

IP20a 连接的结构如图 2-2-6 所示。

IP20a BCM 线束插接器 1 端子定义见表 2-2-1。

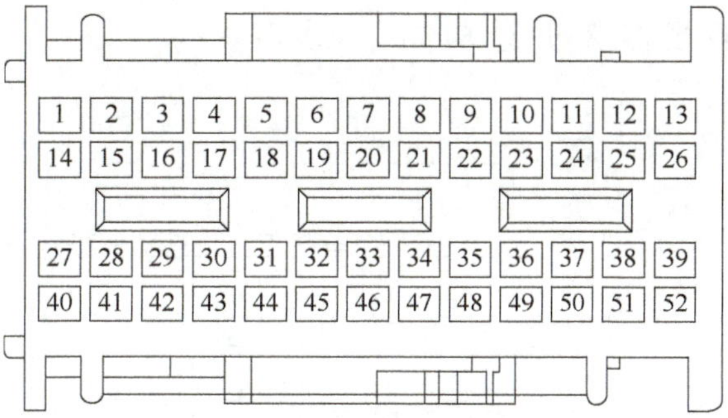

图 2-2-6 IP20a BCM 线束插接器 1 的结构

表 2-2-1 IP20a BCM 线束插接器 1 端子定义

端子号	端子定义	颜色	端子号	端子定义	颜色
1	—	—	27	左日间行车灯	W
2	KL50 Relay FB	—	28	—	—
3	—	—	29	定述巡航开关 GND	B/V
4	SGND3	B	30	前照灯开关	B/R
5	定速巡航开关/(预留)	—	31	远光灯开关	R/Y
6	刮水器间歇调节	GR/P	32	自动灯光	P/O
7	KL75 Relay FB (ACC)	O/B	33	左转向灯	B/W
8	KL15 I Relay FB	BL/W	34	右转向灯	W/Y
9	危险警告灯	P/BL	35	ECO 模式指示（预留）	—
10	后雾灯开关	BR/B	36	—	—
11	门锁状态指示灯	G/BL	37	前刮水器洗涤	E/BL
12	危险警示指示灯	W/V	38	阳光传感器	BR/W
13	前刮水器高速	GR/R	39	—	—
14	—	—	40	—	—
15	—	—	41	CANI L（主节点）	BL/W
16	前刮水器低速	G/Y	42	CANI H（主节点）	GR
17	—	—	43	—	—
18	—	—	44	—	—
19	—	—	45	定速巡航开关 2	V
20	—	—	46	左后侧窗开关输入（驾驶人侧）	—
21	前刮水器间歇	Y/R	47	位置灯开关	B/BL
22	离合器底部开关/(预留)	—	48	—	—
23	—	—	49	左后侧窗开关输入（驾驶人侧）	—
24	离合器顶部开关/(预留)	—	50	前除霜开关	—
25	刮水器间歇调节 GND	B/O	51	防盗指示灯	R/BL
26	后除霜开关	—	52	—	—

2. IP21a BCM 线束插接器 2

IP21a BCM 线束插接器 2 的结构如图 2-2-7 所示。

IP21a BCM 线束插接器 2 端子定义见表 2-2-2。

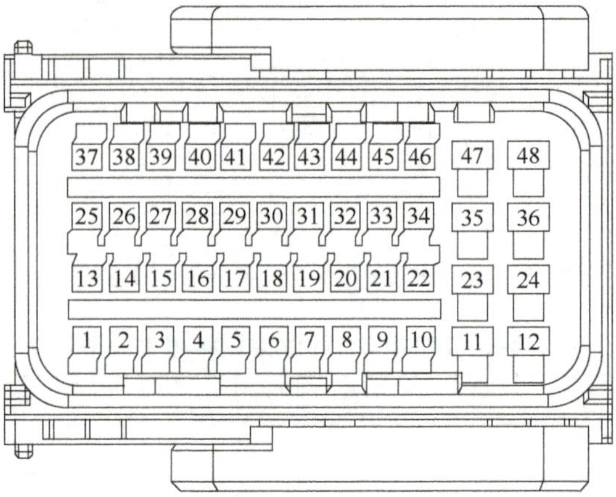

图 2-2-7　IP21a BCM 线束插接器 2 的结构

表 2-2-2　IP21a BCM 线束插接器 2 端子定义

端子号	端 子 定 义	颜色	端子号	端 子 定 义	颜色
1	左后门门状态开关	V/B	21	前刮水器归位开关	BR
2	右后门门状态开关	V/G	22	右前门窗开关输入（驾驶人侧）	—
3	前机舱盖状态开关	BL/O	23	右日间行车灯	W/BL
4	后刮水器间歇开关	—	24	左转向灯	BL/B
5	其余三门锁状态反馈输入	B/R	25	高位制动灯	Y/B
6	前除霜	—	26	转速信号	BL
7	后刮水器开关	—	27	乘员侧门门状态开关	O/BL
8	SGND4	B	28	后除霜	Y/V
9	KL50 Relay LSD 启动继电器（低端）	—	29	—	—
10	—	—	30	—	—
11	后雾灯	W/B	31	前刮水器高速	B/G
12	内灯	P/O	32	环境温度 PWM（预留）	—
13	制动灯开关	B/R	33	左前门窗开关输入（驾驶人侧）	—
14	—	—	34	LIN 1（主节点）	V/Y
15	—	—	35	右转向灯	BL
16	—	—	36	倒车灯	B/BL
17	前刮水器低速	Y/P	37	碰撞信号 PWM	BL/R
18	远光灯	G/V	38	中控解闭锁	BR/Y
19	内部行李舱解决开关	O/B	39	驾驶人侧门门状态开关	W/Y
20	—	—	40	行李舱开关	BR/B

（续）

端子号	端子定义	颜色	端子号	端子定义	颜色
41	近光灯	B/Y	45	倒车灯开关	—
42	电喇叭	G/R	46	—	—
43	后刮水器（预留）	—	47	节电输出	R/Y
44	后刮水器归位开关（预留）	—	48	制动灯	R/B

3. IP22a BCM 线束插接器 3

IP22a BCM 线束插接器 3 的结构如图 2-2-8 所示。

IP22a BCM 线束插接器 3 端子定义见表 2-2-3。

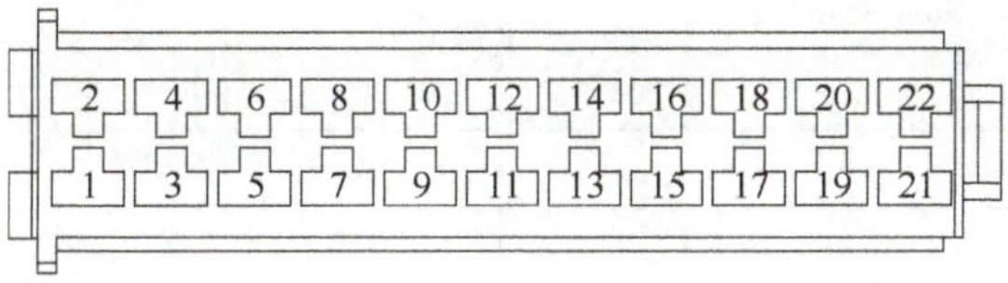

图 2-2-8　IP22a BCM 线束插接器 3 的结构

表 2-2-3　IP22a BCM 线束插接器 3 端子定义

端子号	端子定义	颜色	端子号	端子定义	颜色
1	KL30 INTERNAL LIGHT	R/Y	12	行李舱解锁	O/Y
2	前刮水器洗涤电机电源 POWER	G/W	13	后视镜折叠	Y/B
3	KL30 EXTERNAL LIGHT	B/O	14	中控锁和后背门锁电源 POWER	R/W
4	前刮水器洗涤电机	GR/B	15	后视镜电源 POWER（展开）	O/W
5	位置灯	GR/B	16	—	—
6	后刮水器洗涤电机电源（预留）	—	17	后视镜电源 POWER（闭合）	O/W
7	GND SIGNAL 1	B	18	中控闭锁	G/Y
8	后刮水器洗涤 GND	—	19	后视镜 GND	B
9	GND SIGNAL 2	B	20	中控解锁	Y
10	后刮水器洗涤电机	—	21	后视镜 GND	B
11	后视镜打开	Y/W	22	GND POWER	B

4. IP23 BCM 线束插接器 4

IP23 BCM 线束插接器 4 的结构如图 2-2-9 所示。

IP23 BCM 线束插接器端子定义见表 2-2-4。

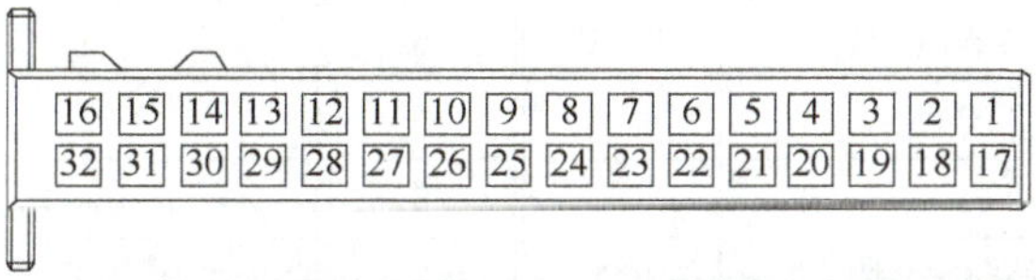

图 2-2-9　IP23　BCM 线束插接器 4 的结构

表 2-2-4 IP23 BCM 线束插接器 4 端子定义

端子号	端子定义	端子号	端子定义
1	KL15 2 Relay FB	17	—
2	左前门门把手按钮开关	18	IMMO 天线 +
3	右前门门把手按钮开关	19	IMMO 天线 -
4	前转向灯故障反馈	20	行李舱内天线 +
5	后转向灯故障反馈	21	行李舱内天线 -
6	后刮水器洗涤开关（预留）	22	内部 1 号天线 +
7	SGND5	23	内部 1 号天线 -
8	Start Stop Switch 1	24	左门把手天线 +
9	Start Stop Switch 2	25	左门把手天线 -
10	—	26	右门把手天线 +
11	—	27	右门把手天线 -
12	乘客侧车窗禁止开关指示灯	28	—
13	后除霜指示灯	29	KL50 ReLay HSO 启动继续电器（高端）
14	乘客侧车窗禁止开关	30	—
15	KL15 1 Relay	31	KL15 2 ReLay
16	—	32	KL75 2 ReLay

5. IP24 BCM 线束插接器 5

IP24 BCM 线束插接器 5 的结构如图 2-2-10 所示。

IP24 BCM 线束插接器 5 端子定义见表 2-2-5。

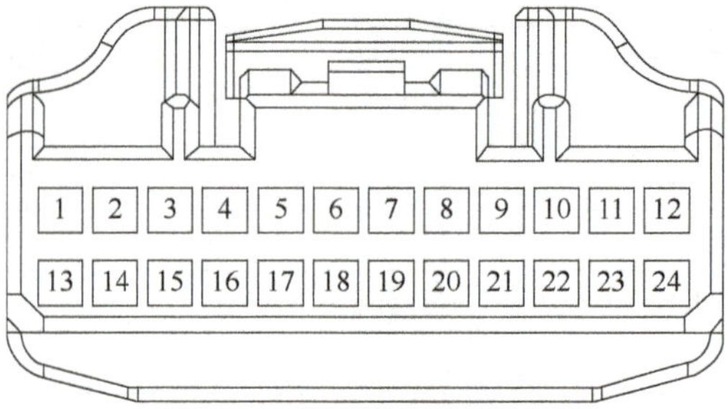

图 2-2-10 IP24 BCM 线束插接器 5 的结构

表 2-2-5 IP24 BCM 线束插接器端子定义

端子号	端子定义	颜色	端子号	端子定义	颜色
1	驾驶人侧闭锁器解锁状态	BL/O	6	—	—
2	驾驶人侧闭锁器闭锁状态	V/G	7	—	—
3	前雾灯开关	—	8	—	—
4	后视镜折叠/打开开关	B/Y	9	—	—
5	—	—	10	SSB GREEN	G

（续）

端子号	端 子 定 义	颜色	端子号	端 子 定 义	颜色
11	SSB Background	—	18	—	—
12	SSB ORANGE	O	19	—	—
13	前雾灯输出	—	20	—	—
14	天窗自动关闭输出	—	21	内部2号天线+	BL/B
15	ESD OFF 指示灯	—	22	内部2号天线-	Y/B
16	乘客侧车窗禁止功能输出	B/G	23	—	—
17	—	—	24	—	—

扩展阅读

2.2.4　防盗器

1. GPS 防盗器

GPS 防盗器是目前最先进的防盗装置，除了普通的防盗外，还能在汽车被盗时迅速跟踪汽车位置，从而寻回汽车。但是 GPS 防盗器的价格比普通防盗报警器要贵，而且需要付额外的服务费用，所以普及程度不高。而 GSM 移动防盗器是依托 GSM 通信网络，结合手机和汽车的智能联动防盗，这类防盗器的报警不受距离限制，覆盖网络广，但是需要缴纳 GSM 号码的月租费。

GPS 防盗器的工作原理：安装在车辆上的 GPS 接收机设备根据收到的卫星信息计算出车辆当前位置，通信控制器从 GPS 接收机输出的信号中提取所需要的位置、速度和时间信息，结合车辆身份等信息形成数据包，然后通过移动运营商的 GPRS 网络发往监控中心。监控中心的服务器接收车载机发送的数据，并从中提取出定位信息，根据各车辆的车号和组号等，在监控中心的电子地图上显示出来。GPS 定位防盗器的功能就更强了，几乎综合了所有的防盗功能，并能用卫星准确定位在 5m 范围内，其传感器采用无线传感，很难被破坏，如图 2-2-11 所示。

a) GPS 防盗器　　b) 即时汽车位置监控

图 2-2-11　GPS 防盗器及工作原理

2. 汽车指纹防盗器

汽车指纹防盗器是由微处理器控制的，用先进特殊的加密方式传输数据，是世界上最前沿、最先进的温感型活体指纹识别系统，如图 2-2-12 所示。汽车指纹防盗器采集并保存车主或驾驶人的指纹数据，通过准确可靠的指纹识别算法验证合法身份，以控制汽车 ECU、汽车门锁、发动机的供电点火起动装置、供油供电电路和电控变速器锁、电控机盖锁、电控行李舱锁、电控杂物箱锁，非法者无法解密和模拟，即使砸破车窗进入车内改动电路，也无法开锁和起动发动机，因为非法打开车门时系统就会自动报警。

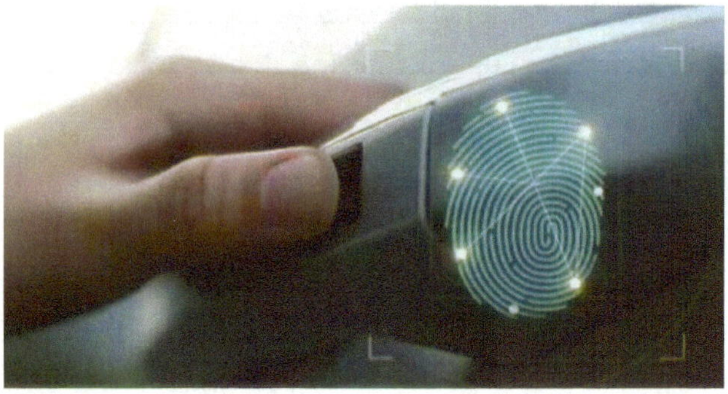

图 2-2-12　汽车指纹防盗器

汽车指纹防盗器的工作原理：汽车指纹防盗器的指纹识别仪通过光学成像或半导体感应等对车主的指纹进行采集，提取特征值，输入 CPU 自动进行存储、对比，从而发出各种指令。在起动车辆之前，系统将对使用者进行指纹识别身份验证，如未收到使用者信息，车辆将无法起动。如图 2-2-13 所示，该产品凭车主事先录入的指纹才能发动汽车，而指纹是唯一的，决不会丢失，也无法复制。因此，汽车指纹防盗器可以从技术上杜绝解密的可能性。

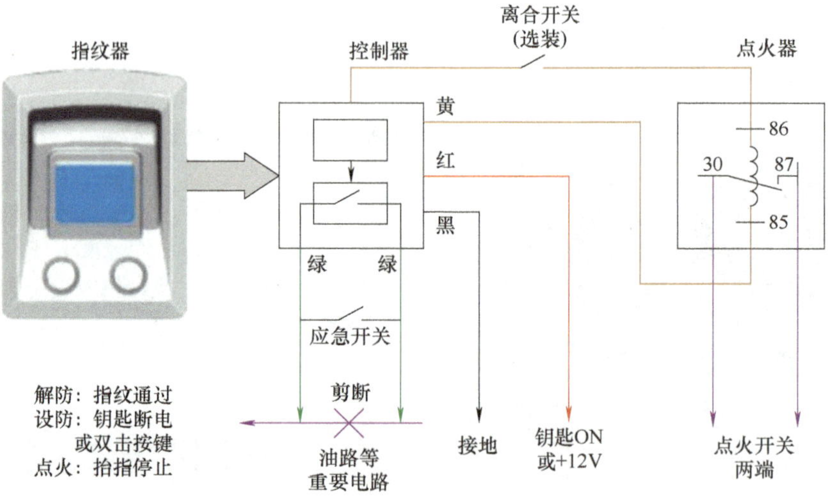

图 2-2-13　汽车指纹防盗器电路图

实践技能

2.2.5　车身控制器的更换流程

车身控制器出现故障时，通常采用的维修方法是进行拆卸修理或更换。拆下的车身控制器将送回控制器生产商进行维修。下面以吉利帝豪 EV450 纯电动汽车为例，介绍车身控制器更换实践操作的注意事项和工作流程。

1. 安全提示

在进行车身控制器更换时，应注意安全操作问题。由于车身控制器由低压供电系统进行供电，因此，首先需要拆下低压蓄电池负极连接线束，并进行可靠搭铁；虽然车身控制器独立于整车高压系统，但为了避免误操作导致的高压触电，需要确保整车无绝缘故障。因此，车身控制器的更换操作应在低压下电及无绝缘故障前提下进行。

2. 车身控制器的更换

吉利帝豪 EV450 纯电动汽车的整车控制器由 4 个紧固螺栓固定在前机舱内部靠近驾驶室的位置，如图 2-2-14 所示。车身控制器左边有两个插接件，用于控制器供电、输入输出的信号及与其他机构部件控制器进行通信。

图 2-2-14　车身控制器在车上的位置

车身控制器的更换步骤如下：

1）打开车门，安装三件套：转向盘套、座椅套、脚垫，如图 2-2-15 所示。

2）确保起动开关关闭，拉动前机舱盖拉手。

3）打开前机舱盖，安装翼子板布、前格栅布，如图 2-2-16 所示。

4）取下蓄电池负极，可靠搭铁。

图 2-2-15　安装三件套

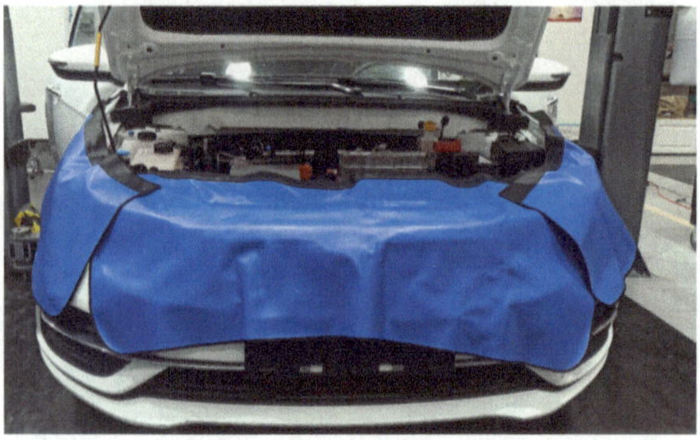

图 2-2-16　安装翼子板布与前格栅布

5）拆卸仪表板左侧下护板。

a）使用合适工具拆卸仪表板左侧端盖，如图 2-1-11 所示。

b）拆卸仪表板左侧下护板一个紧固螺栓，如图 2-2-17 所示。

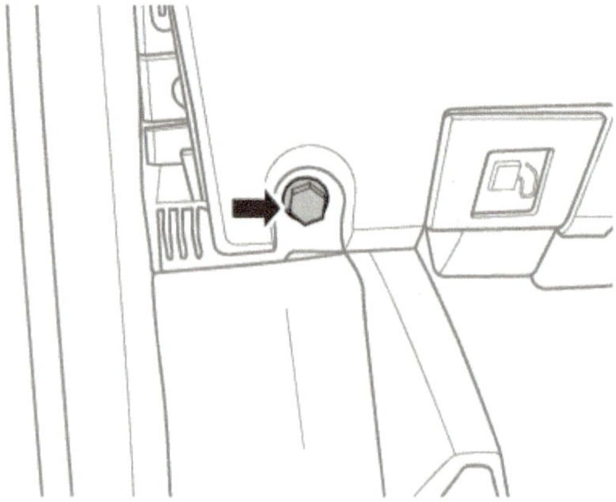

图 2-2-17　拆卸仪表板左侧下护板一个紧固螺栓

c）拆卸仪表板左侧下护板左侧的一个紧固螺栓，如图 2-2-18 所示。

d）拆卸仪表板左侧下护板固定卡扣，脱开仪表左侧下护板与仪表板的连接，如图 2-2-19 所示。

e）断开仪表板开关组件插接器，如图 2-2-20 所示。

f）拆卸前机舱盖开启把手和快速充电口盖开启把手总成五个紧固螺栓，脱开前机舱盖开启把手和快速充电口盖开启把手总成，如图 2-2-21 所示。

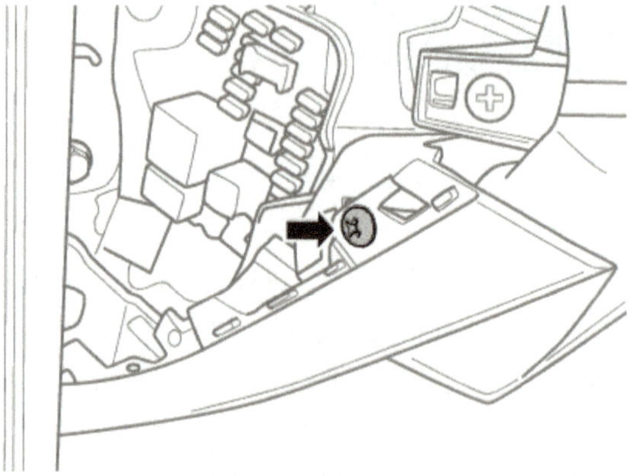

图 2-2-18　拆卸仪表板左侧下护板左侧的一个紧固螺栓

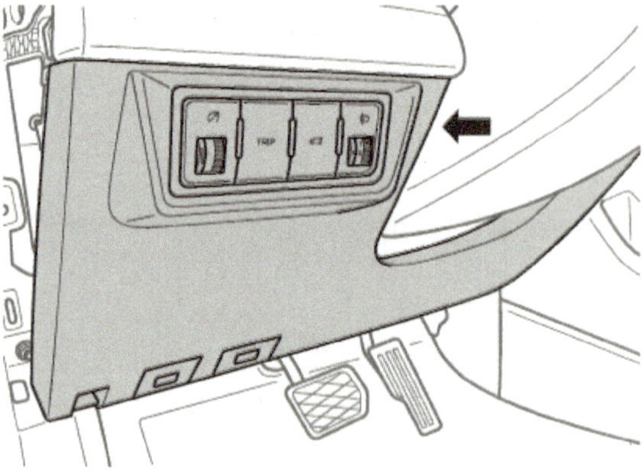

图 2-2-19　拆卸仪表板左侧下护板固定卡扣

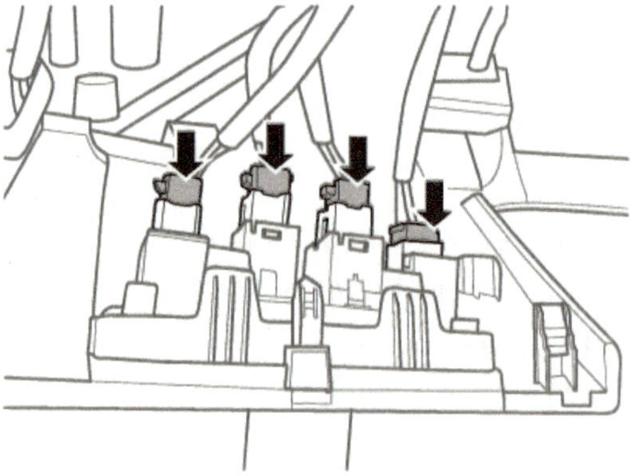

图 2-2-20　断开仪表板开关组件插接器

g）拆卸诊断口支架两个紧固螺栓，取下仪表左侧下护板，如图 2-2-22 所示。

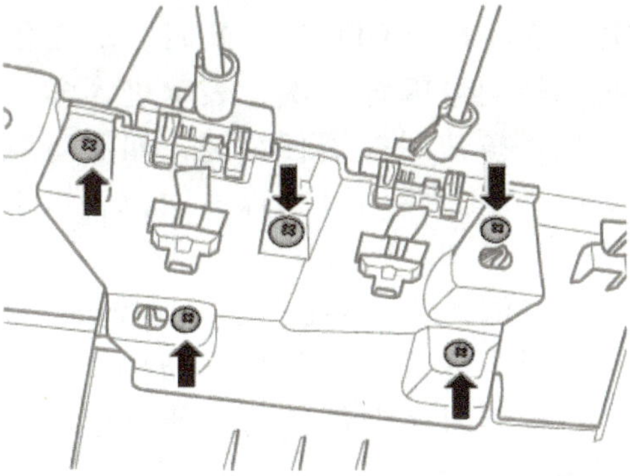

图 2-2-21　拆卸前机舱盖开启把手和快速充电口盖开启把手总成五个紧固螺栓

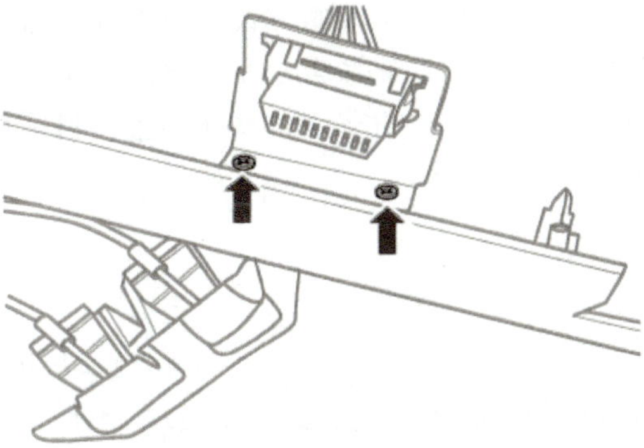

图 2-2-22　拆卸诊断口支架两个紧固螺栓

6）拆卸车身控制器总成，断开车身控制器五个线束插接器，如图 2-2-23 所示。

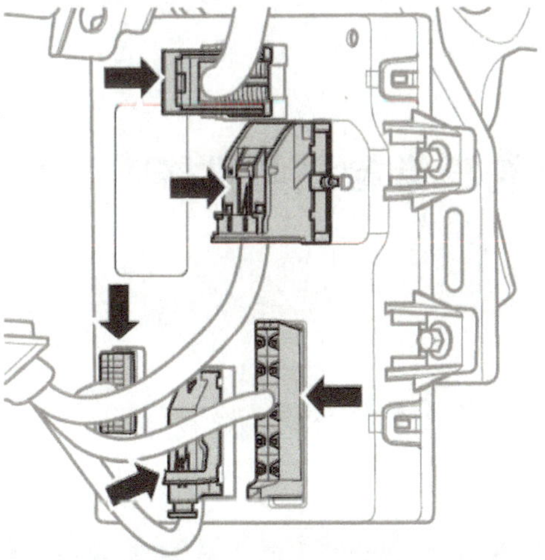

图 2-2-23　断开车身控制器五个线束插接器

7）拆下车身控制器的三个紧固螺栓，取出车身控制器总成，如图 2-2-24 所示。

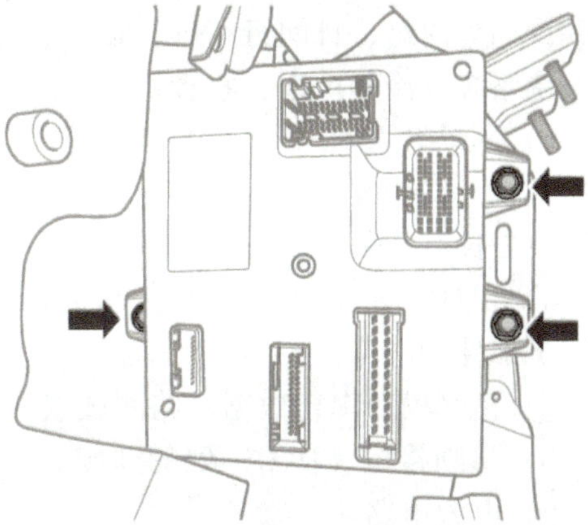

图 2-2-24　拆下车身控制器的三个紧固螺栓

8）取下车身控制器。

9）更换新的车身控制器。

10）安装车身控制器 3 个紧固螺栓，注意力矩：9N · m（公制），6.6lbf · ft（英制）。

11）安装车身控制器 5 个连接插头，注意：一插、二响、三确认。

12）安装仪表板左侧下护板。

13）安装蓄电池负极。

14）取下翼子板布与前格栅布。

15）关闭前机舱盖。

16）取下三件套。

17）起动汽车，检查汽车是否正常上电。

3. 更换车身控制器后的编程与设置

对控制模块编程前，确保已满足以下条件：

1）充电系统应没有故障。在对控制模块编程前，必须先排除充电系统故障。

2）蓄电池电压应大于 12V 但小于 16V。如果蓄电池电压过低，在控制模块编程前，蓄电池必须充电。

3）蓄电池充电器不得连接到车辆蓄电池上。不正确的系统电压或蓄电池充电器引起的电压波动会导致编程失败或控制模块损坏。

4）关闭或禁用车辆蓄电池的所有电气负载，如车内灯、日间行车灯、暖风、通风与空调系统、冷却风扇、收音机等。

5）起动开关必须置于正确位置。在编程过程中，切勿改变起动开关的位置，除非故障诊断仪有相关指示。

6）保证所有工具的连接是牢靠的，包括以下部件和电路：

a）控制模块串行数据链路测试仪。

b）诊断接口（DLC）处的连接。

c）电源电路。

7）编程时切勿扰动工具线束。编程意外中断会导致编程失败或控制模块损坏。

更换 BCM 后的编程和设置如下：

在防盗解除情况下，打开驾驶人侧门，起动开关电源模式在 10s 内 OFF/ON 切换 6 次，最后置于 OFF 位，此时，防盗指示灯亮，转向灯闪烁一次，表示进入学习状态，然后按住遥控器任意键，如果防盗指示灯闪一下，转向灯闪烁一次，表示学习成功。

可以依次学习 3 把钥匙。遥控器学习模式会在至少完成 1 把钥匙学习的 10s 后退出。每次学习完 1 把钥匙后能够把以前的 ID 清除。

完成车身控制器更换后，新的车身控制器需要与原车进行控制匹配和标定，并进行最后的行驶检查，检查汽车能否正常工作。对于不同车型，匹配的方式有所不同，有的车型需要厂家或维修店专业人员进行手动匹配和标定，而有的车型自身就能进行自适应匹配和标定。

学习小结

1. 车身控制器常见的功能包括控制电动车窗、电动后视镜、空调、前照灯、转向灯、防盗锁止系统、中控锁、除霜装置等。车身控制器可以通过总线与其他车载 ECU 相连。

2. 车身控制器的重要任务是简化操作，减少乘员的手动操作，以免分散乘员的注意力。汽车车身控制系统包括汽车安全、舒适性控制和信息通信系统，主要是用于增强汽车的安全性、舒适性和方便性。

3. 在进行车身控制器更换时，首先需要拆下低压蓄电池负极连接线束，并进行可靠搭铁和确保整车无绝缘故障。

学习单元 2.3　车身控制系统异常检测与维修

学习目标

1. 能够通过与客户交流和查阅相关维修技术资料获取车辆信息。
2. 能够独立制订工作计划并按计划实施。
3. 能够掌握车身控制系统电路与常规电路的差异。
4. 能够掌握车身控制系统的控制原理与组成。
5. 能正确对车身控制器电路进行常规检测和故障诊断。

6. 能针对吉利帝豪 EV450 纯电动汽车车身控制系统的故障进行排查。
7. 能遵守个人和车间安全作业要求，注重个人安全防护。
8. 严格执行汽车的检修规范，养成严谨科学的工作态度。
9. 能根据环保的要求，正确处理对环境和人体有害的废料和损坏的零部件。
10. 能正确地检查工作结果并进行自我评估。

情境导入

吉利帝豪 EV450 纯电动汽车在驾驶一段时间后，发现汽车无法低压上电，无 ACC、无 ON，汽车无法起动，提示汽车存在故障，经过检测后，发现车身控制器存在故障，现需要根据正确的操作规范进行车身控制器的检测与维修，假如你是吉利新能源 4S 店的一名车辆维修人员，你会修理吗？

理论知识

2.3.1　车身控制系统检修的基础知识

1. 车身控制系统的电路与常规系统电路的差异

图 2-3-1 所示为常规汽车电气系统的电路图，常规电气系统具有明显的回路确定性，电从哪里来，经过负载回到哪里。开关确定了对应负载的控制，如开关 K_1 控制灯光亮灭，开关 K_2 控制电动机的旋转与停止，开关 K_3 控制加热器的工作，开关 K_4 控制电磁阀的工作，因此每一个负载回路是确定的。

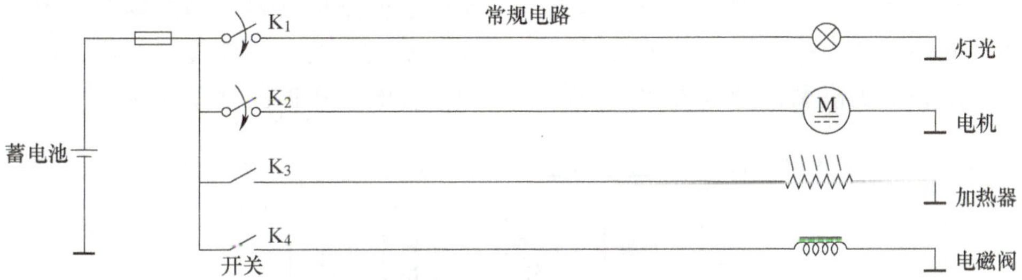

图 2-3-1　常规汽车电气系统的电路图

如果开关 K_1 闭合时，发现灯光是独立工作的，但开关 K_2 闭合时，发现电机灯光同时工作了，则说明灯光电路与电机电路相互间（单向）短路了。现需要实现以下功能：开关 K_1 只控制灯光的亮灭，但开关 K_2 闭合时需要同时控制灯光的间歇性亮灭和电机的间歇性工作。为了完成以上功能，对图 2-3-1 的电路进行常规性改造，电控系统的模型（电子控制器）的出现，则很好地解决了这些题，车身控制系统的结构模型如图 2-3-2 所示。

2. 车身控制系统控制原理与基本组成

汽车车身控制系统的核心是控制，即 ECU，而控制是需要判断的，完成判断的前提是必须获得足够的输入电信号（表征输入物理状态的变化），控制功能完成的质量则取决于执行器（输出装置）及反馈的完善程度。车身控制系统的控制原理与基本组成如图 2-3-3 所示。

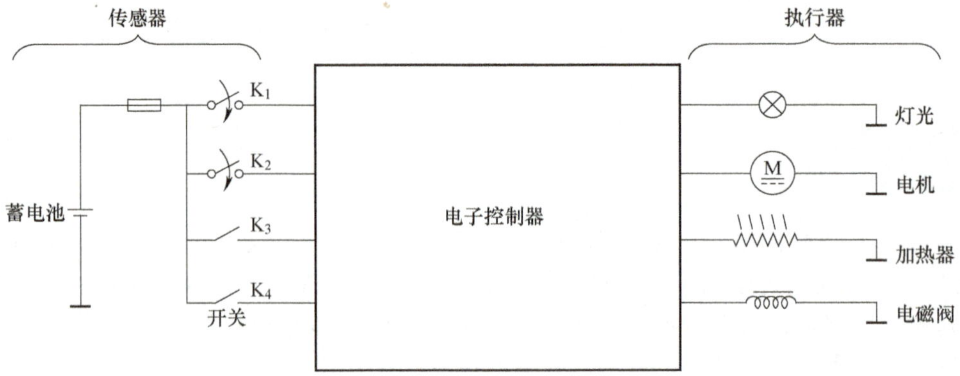

图 2-3-2　车身控制系统的结构模型

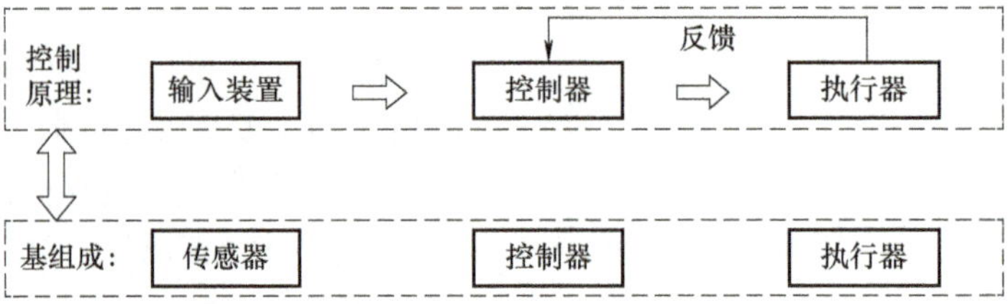

图 2-3-3　车身控制系统的控制原理与基本组成

最基本的车身控制系统可以只有传感器、控制器与执行器，而无须反馈装置，这就是平常所说的开环控制系统；而带有反馈装置的车身控制系统模型，则称为闭环控制系统。闭环控制系统由于采用反馈装置，主要用于控制精度要求高的场合。闭环控制系统的质量取决于反馈控制的稳定性，车身控制系统的结构框图如 2-3-4 所示。

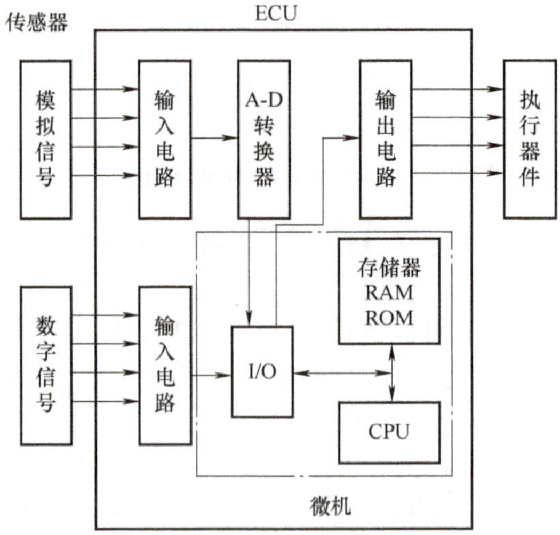

图 2-3-4　车身控制系统的结构框图

3. 车身控制系统的输入装置

常见的输入装置主要有传感器与开关两种，由于传感器是主要的输入装置，因此车身控制系统的输入装置大多情况下称为传感器。如图 2-3-5 所示，实际上，车身控制系统的输入装置是基于物理状态变化的，它把原始的机电、液压、气压等物理状态变化（如温变变化、压力变化、角度变化等）转换为 ECU 所能识别的电信号。通俗地讲，车身控制系统的输入装置相当于人的感知器官，用于感受来自外界的各种信息。因此，在实际检修过程中，对车身控制系统传感器信号的检测一定要注意不同物理状态变化下的电信号变化是否吻合，切忌只以单一物理状态下的电信号检测作为判断依据。

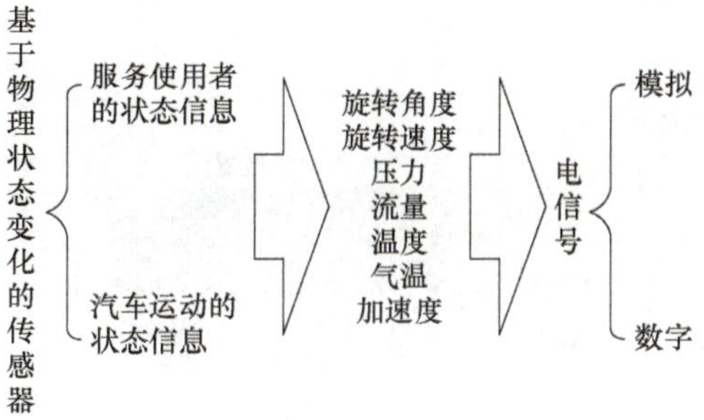

图 2-3-5　车身控制系统输入装置物理状态转变

由于车身控制系统的控制器只接收电压信号，因此按照输入电信号的类型，可分为模拟电压信号与数字电压信号两种。模拟电压信号是一种在一定时间内连续变化的电压信号。数字电压信号实质上可以简单地理解为高低电平，或者说在电路中只有“开”与“关”两种工作状态，即用数字表示为“0”与“1”两种工作状态。图 2-3-6 所示为模拟信号与数字信号的比较。

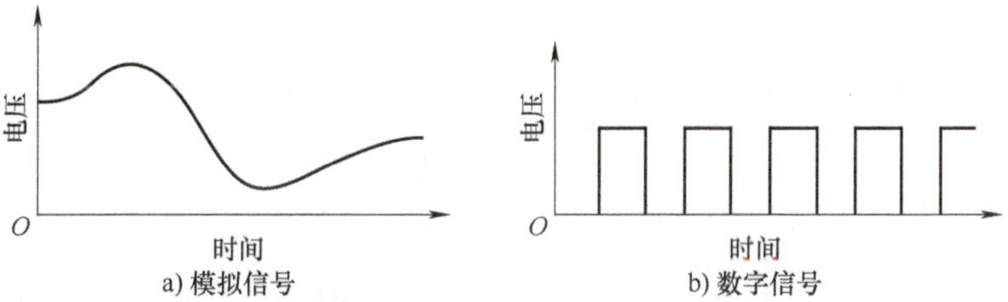

图 2-3-6　模拟信号与数字信号的比较

模拟信号由于是连续不断变化的线性变化电信号，实际上不能为 ECU 的处理器所识别，因此将模拟信号输入 ECU 后，需经 ECU 内部设置的放大电路放大，再经过模数转换电路（A/D 转换器），把模拟信号转换为数字信号，才能为 ECU 的微处理器所识别，模拟信号的处理转化如图 2-3-7 所示。

由于控制器是通过电压信号变化来感知传感器的工作情况的，因此按照传感器工作时是否需要辅助电源，可将其分为有源传感器与无源传感器两种。无源传感器大多因为采用自发电装置，所以可以不附加辅助电源。而有源传感器需要辅助电源才能正常工作，借助辅助电源检测相应部位的物理状态变化来产生电信号。一般 ECU 为传感器提供的辅助电源基准电压为 2V、5V、9V、12V。

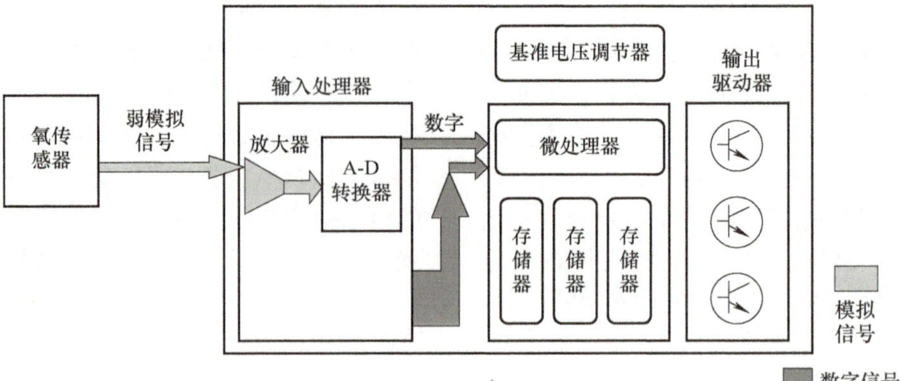

a)

b)

图 2-3-7　模拟信号的处理转化

4. ECU 系统的输出装置

通俗地讲，ECU 系统的输出装置相当于人的手和足，专门用于做出各种动作，因此，车身控制系统的输出装置也称为执行器，主要有电动机、电磁阀、继电器、仪表指示灯等。执行器是受 ECU 的电压控制的，具体执行 ECU 某项控制功能的装置，即输出装置是依附于控制器控制功能的执行器，把控制器的电信号输出转换为机电、液压、气压等物理状态变化。根据 ECU 对执行器的控制方式，可分为相线端控制和搭铁线端控制两种，如图 2-3-8 所示。

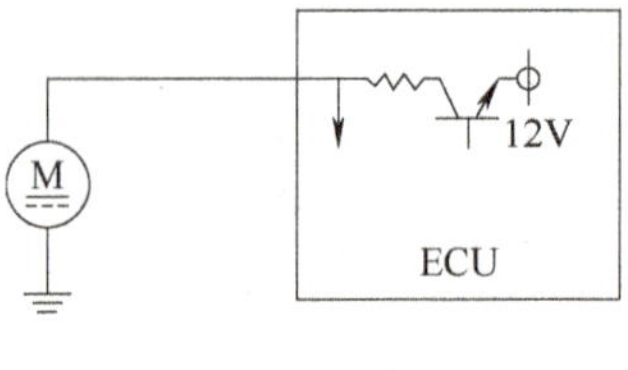

a) 相线端控制

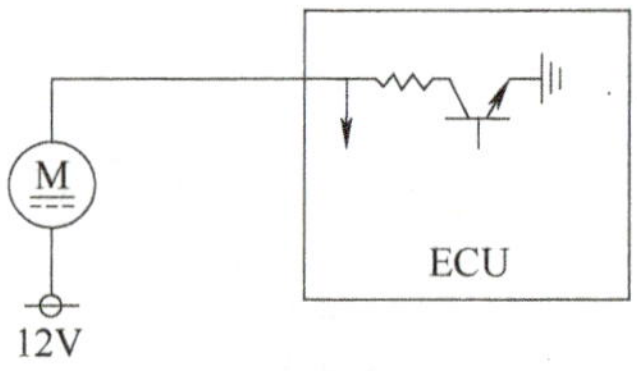

b) 搭铁线端控制

图 2-3-8　相线端控制和搭铁线端控制的执行器比较

2.3.2　吉利帝豪 EV450 纯电动汽车车身控制器的部分功能电路介绍

1. 车身控制器

吉利帝豪 EV450 纯电动汽车车身控制器 BCM 是汽车正常起动的核心，车身控制器的电路图如图 2-3-9 所示。汽车要正常解锁进入车内：PEPS 及钥匙、BCM 模块、BCM 供电、BCM 上的 V-CAN 要正常；汽车要进入 ACC 档：ACC 继电器及相关电路、电子转向柱锁要正常；汽车要进入 ON 档：IG1 及相关电路要正常。汽车进入 READY 档：高压系统、制动踏板及相关电路要正常，所以 BCM 的正常工作是汽车正常使用的保证。

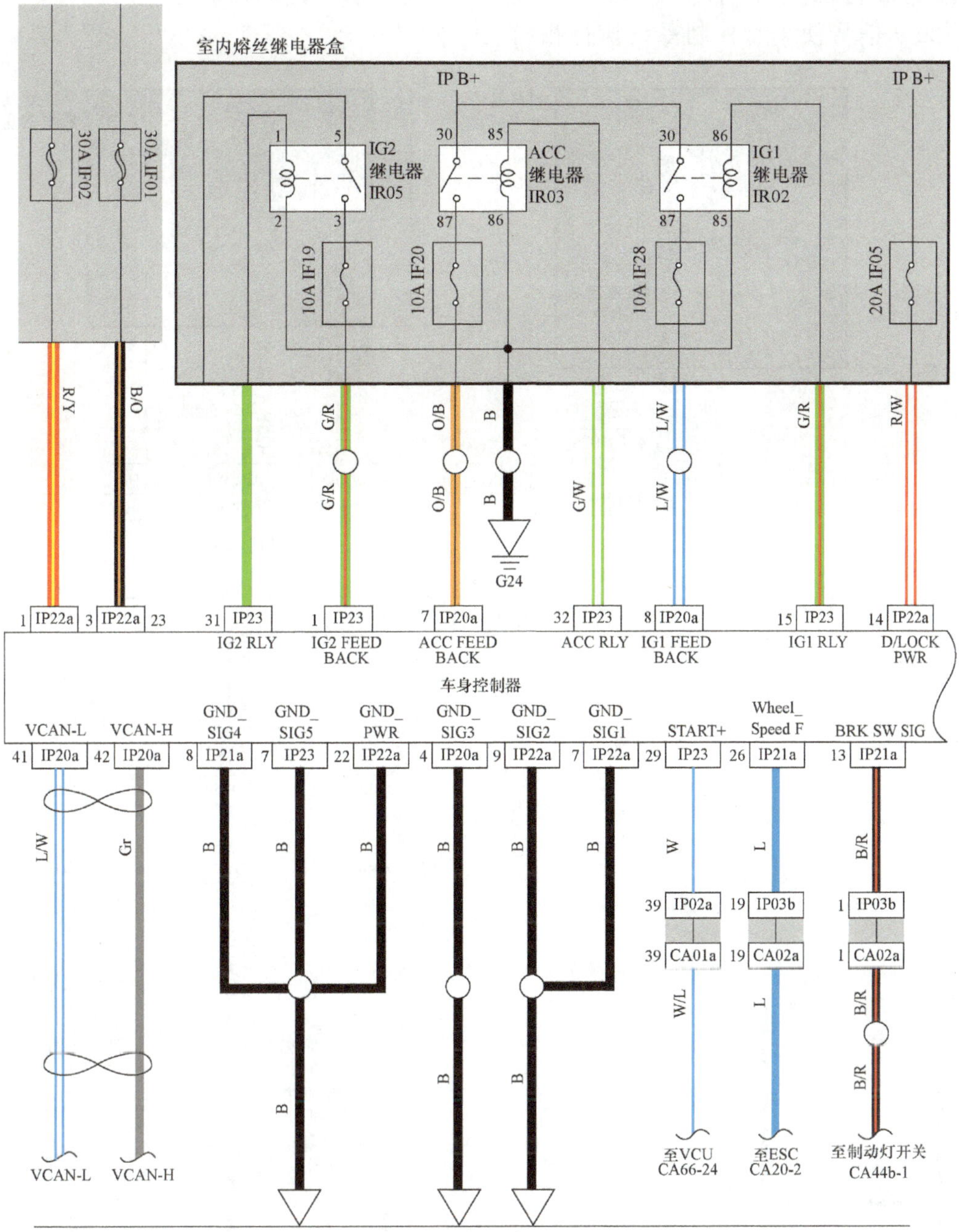

图 2-3-9 车身控制器的电路图

2. 防盗报警系统

遥控防盗系统是一个辅助的车辆警报装置，警报系统在出现强行侵入时触发。该系统与中控门锁系统配合使用。无线电频率干扰或电池电量用完都可能使该系统失效。

当按下发射器上的按钮时，发射器向BCM发出信号。然后，BCM执行相应功能。驾驶人在无钥匙进入（无钥匙闭锁传感器左前门把手、右前门把手）1.5m范围内执行车门（前门或背门）开启动作，车身控制器检测遥控钥匙（FOB）有效性，并发送信号使车身控制系统执行相应功能，如图 2-3-10 所示。

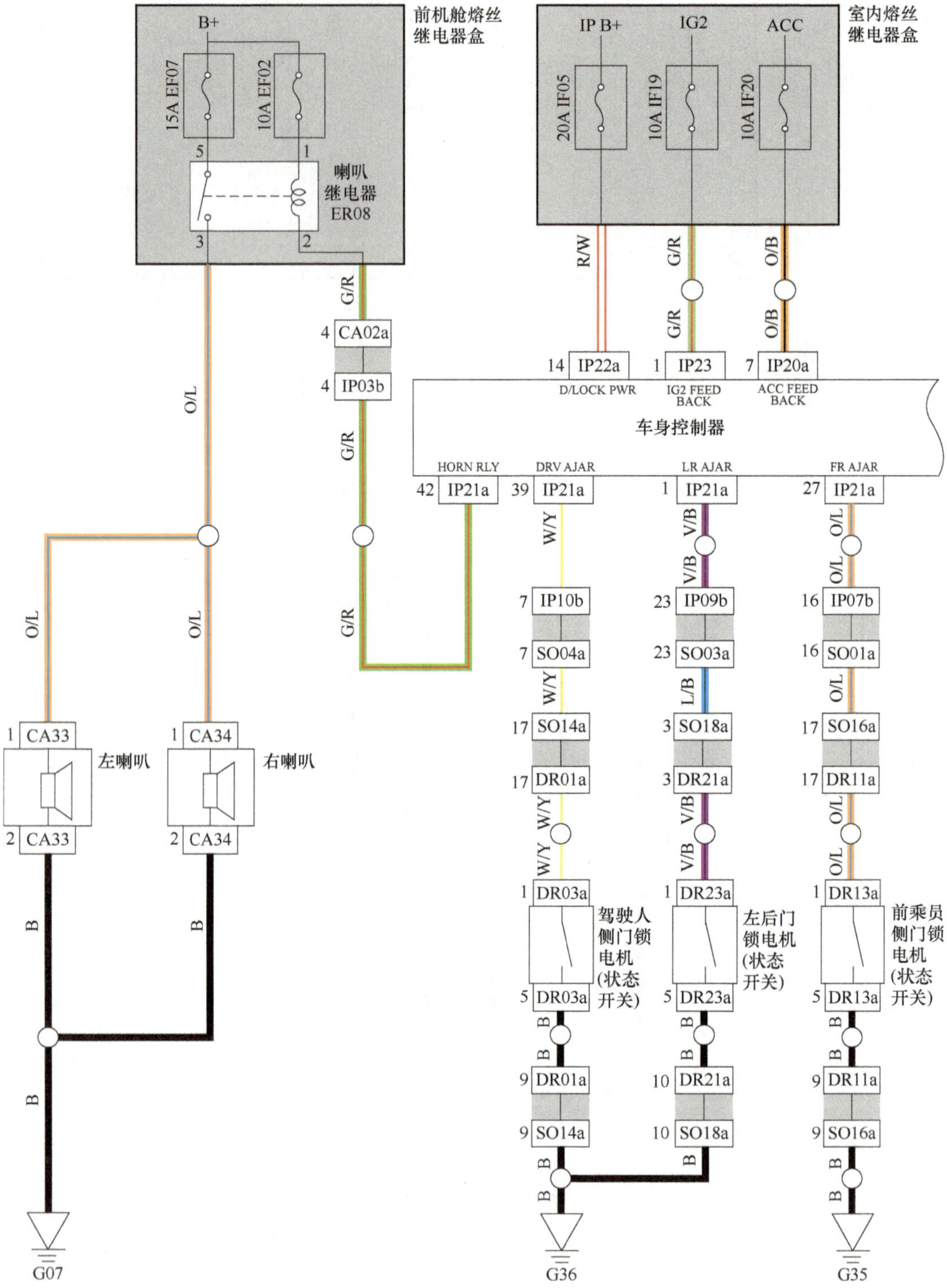

图 2-3-10　防盗报警系统电路图

遥控防盗系统的设计是为了在有人强行打开车门时发出警报。在警报系统下，防盗喇叭将发出间歇警报声，同时转向信号灯也一齐闪烁。30s后喇叭停止工作，仅左右闪光灯闪烁5min。当所有车门都关闭后，警报器将继续鸣响30s。30s过后，喇叭和车灯停止警报，并且车门锁定，系统返回启用状态。遥控防盗系统不会影响车辆的起动或正常运行。

3. 中控门锁

电动门锁利用了每个门锁总成内的一个电磁阀。门锁只能由左前车门玻璃升降器开关或驾驶人侧车门上的锁芯开关来（遥控钥匙操作）操纵。当用遥控钥匙或左前门锁芯锁止或解锁驾驶人侧车门时，所有车门应该上锁或解锁（驾驶人锁芯只能解锁驾驶人车门）。

（1）钥匙开锁/闭锁　驾驶人侧车门钥匙转到开锁位置，4门锁打开。驾驶人侧车门钥匙转到闭锁位置，4门锁闭锁。车内开锁/闭锁开关（驾驶人侧门板上）：开锁动作，4门锁打开；遥控钥匙双锁解除闭锁动作，4门锁闭锁。行李舱可以被遥控器开启或开关开启。在车速达到5km/h以上，行李舱/背门开启功能禁止。

（2）自动落锁　将起动开关置于ON位，车速连续3s以上大于10km/h后，4车门锁会自动闭锁。背门将在关闭1.5s后自动落锁。遥控器解锁15s后，4车门、背门盖任一未被打开，车门会自动重锁。内灯关闭，系统进入布警状态。

（3）自动解锁　在门锁上锁状态，起动开关置于OFF位时，4车门自动开锁。起动开关置于任何状态下，按下背门遥控解锁按键超过2s，背门锁解锁。

（4）中央门锁控制功能　将起动开关置于OFF位，按压一次遥控器上的解锁键，4门解锁，转向灯闪烁3次确认，内灯渐亮，位置灯点亮。将起动开关置于OFF位，按下遥控器上的闭锁键一次，车辆锁4门，转向灯闪烁确认，内灯渐灭，位置灯熄灭。按下车内闭锁键，车辆4门锁闭锁。起动开关不在ON位或在ON位且车速小于15km/h时，如果中央门控开关按至解锁位置，则车身控制器驱动4门解锁。当车速大于15km/h时，中控解锁命令被禁止。将起动开关置于ON位时，除了解除报警操作和背门解锁以外的任何遥控命令都不会被执行。

（5）中央集控门锁优先级　优先级：当几个信号同时有效时，碰撞解锁 > 前门钥匙开关信号 > 遥控信号 > 中控门锁 > 自动解锁与自动闭锁功能。

当上述信号一个有效时，并正在执行相应动作时，另一个信号在此时发生，则会被忽略。但当有碰撞解锁信号发生时，车身控制器立即执行碰撞解锁动作，如图2-3-11所示。

4. 刮水器

前刮水器是由刮水器开关提供信号给车身控制器，车身控制器接收到刮水器开关搭铁信号后，驱动前刮水器电机转动；当刮水器开关处于低档时，电流从电机低速电刷流入电枢线圈，产生大的反电动势，电机以低速旋转；当刮水器开关处于高档时，电流从电机的高速电刷流入电枢线圈，产生小的反电动势，电机以高速旋转；当起动刮水洗涤器开关，此时刮水器喷水泵处于工作状态；连续操作洗涤器开关1s后，刮水器电机也开始起动低档转动。当关闭刮水器开关后，刮水器电机在电枢的惯性作用下，电机不会立即停止并且继续转一会，同时，电枢产生反电动势，对刮水器电机产生电力制动，电机立即停在固定位置，如图2-3-12所示。

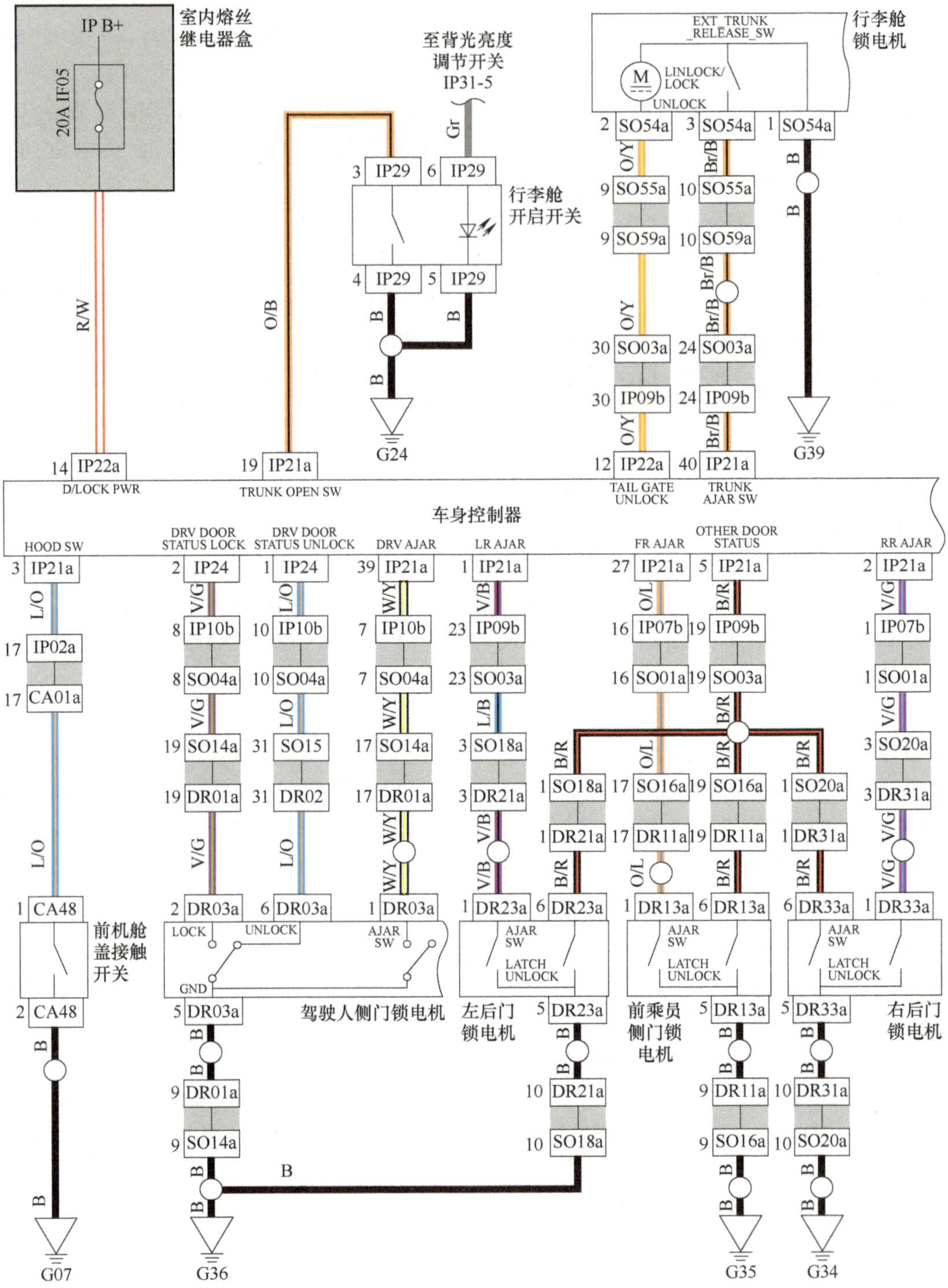

图 2-3-11　中控门锁电路图

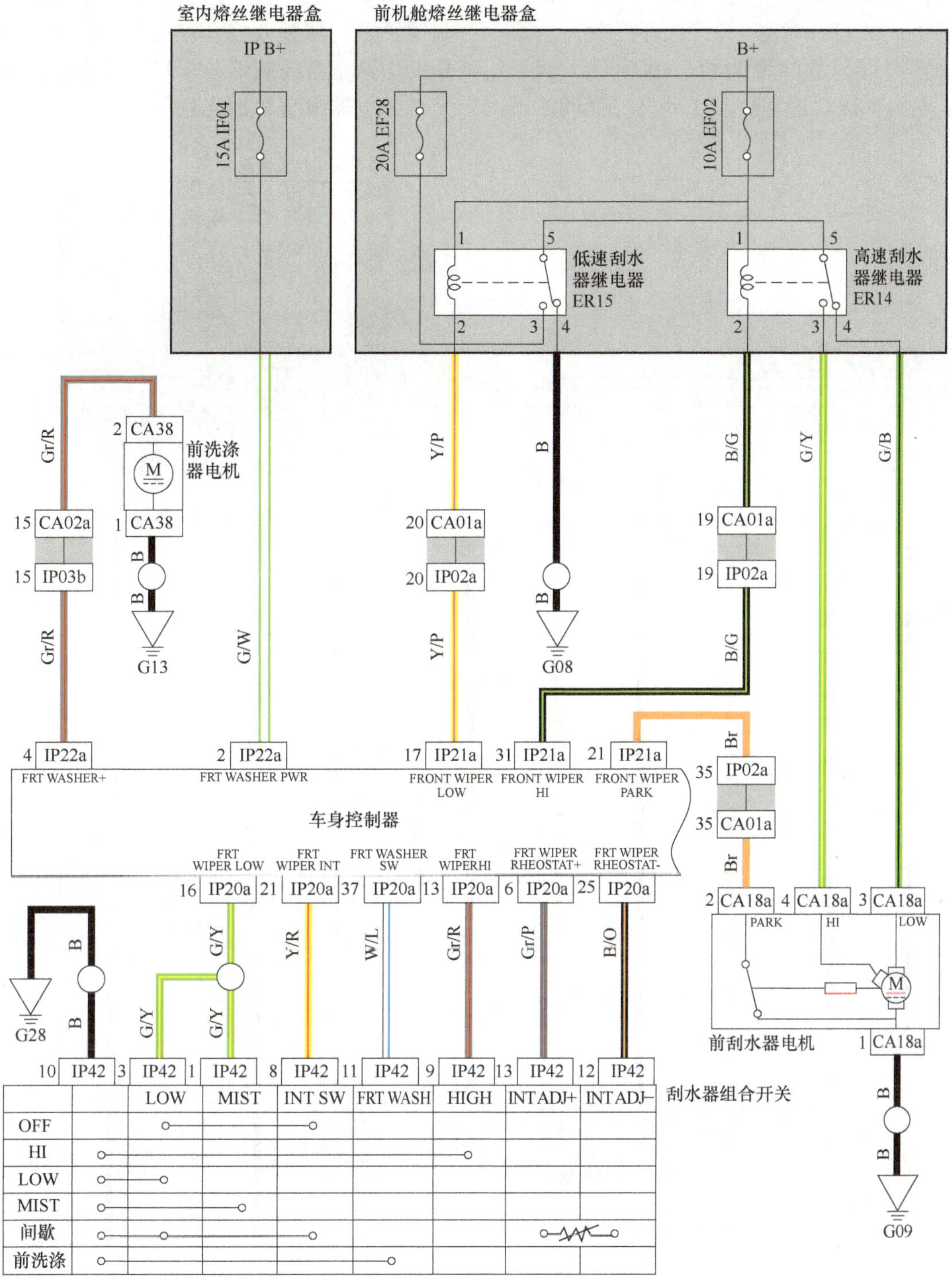

图 2-3-12 刮水器电路图

5. 照明系统

吉利帝豪 EV450 纯电动汽车照明系统包括：前照灯、位置灯、日间行车灯、雾灯、转向灯、危险警告灯、制动灯、倒车灯、室内顶灯、迎宾灯和一些背光照明。汽车大部分照明灯的控制原理基本都是相同的。图 2-3-13 所示为远光灯的电路图，控制逻辑是：驾驶人打开灯光组合开关，将信号发送给车身控制器，车身控制器再控制远光灯继电器吸合，远光灯点亮。

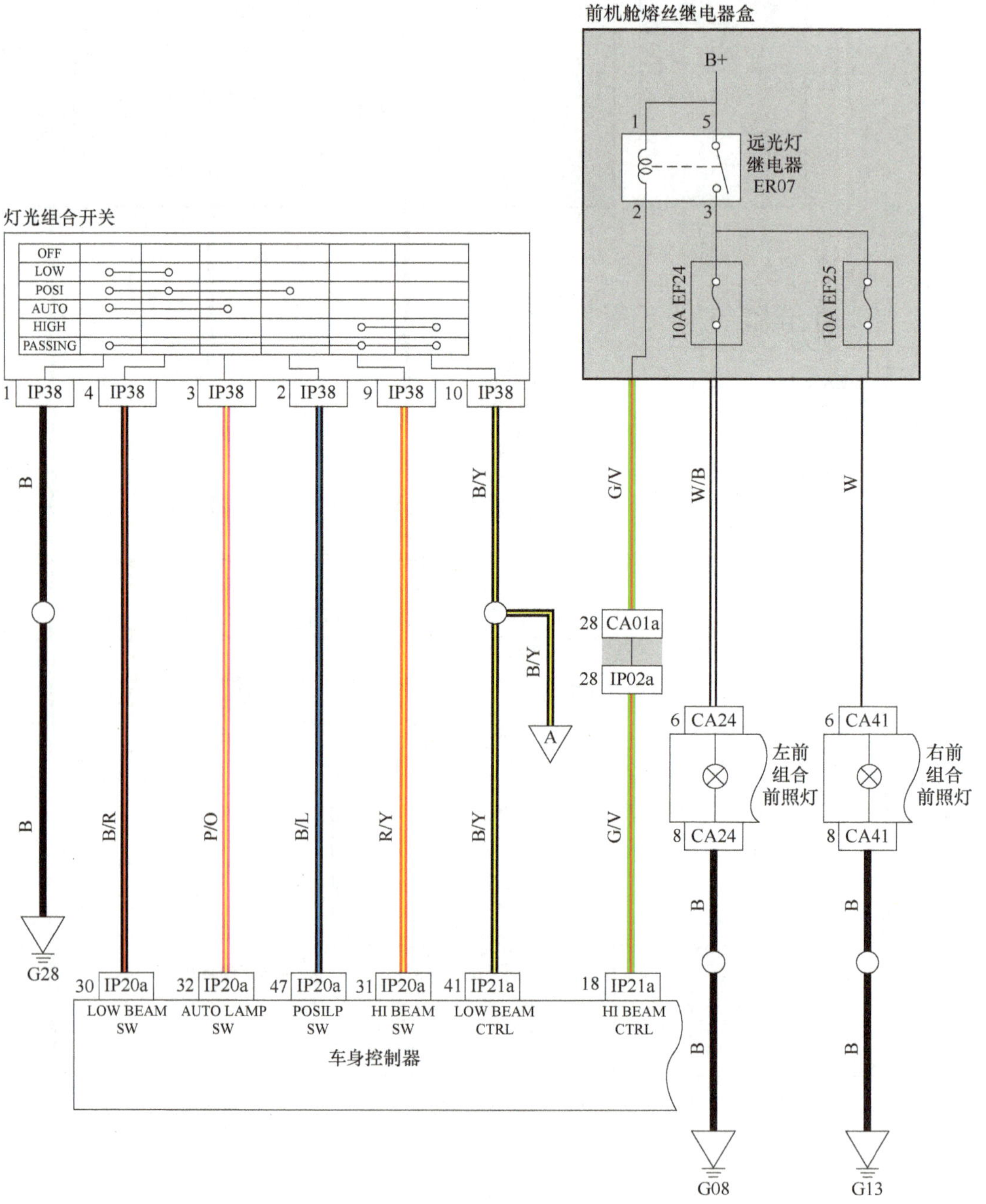

图 2-3-13 远光灯的电路图

扩展阅读

2.3.3　丰田普锐斯HMI（人机界面）介绍

HMI（人机界面）是现代汽车开发中关乎安全性的重要项目，丰田普锐斯HMI主要包括中心仪表、风窗玻璃影像显示及触摸屏。

1. 中心仪表

如图2-3-14所示，中心仪表作为丰田普锐斯的传统设计，是普锐斯HMI技术的基础。中心仪表能够整理大量信息，并简洁地呈现出来，以减少驾驶人的视线移动，提高视认性。中心仪表采用高亮度荧光显示管，其速度表为反射式。当起动开关置于ON位时，中心仪表能够用3.5s的时间开启画面。第三代普锐斯的中心仪表融入了最新的HMI技术，将能量监视器作为环保监视器收装在中心仪表的多信息显示器内。

图2-3-14　丰田普锐斯的中心仪表

驾驶人还能通过能量监视器观测车辆行驶过程中能量变换的情况。

2. 风窗玻璃影像显示（HUD）

丰田普锐斯采用了HUD技术，其原理是通过风窗玻璃与HUD单元内的高亮度荧光管的图像在反射镜上反射2次，把HUD单元的画面投射在驾驶人前方约2m的位置，最小限度地减少驾驶人的视线移动。

HUD在开启状态下，能够进行车速、混合动力系统指示器+车速的切换，且在按下NAVI开关后，能够以简易的箭头符号显示道路指引导航信息，如图2-3-15所示。

图2-3-15　HUD现象

3. 触摸屏

丰田普锐斯 HMI 触摸屏的触摸位置位于转向盘开关上，驾驶人对于开关的操作状况能够出现在中心仪表内。该技术使得驾驶人在驾驶车辆的过程中，视线不用落到转向盘开关上即可实现相应的操作。驾驶人通过转向盘开关能够进行的操作有：音响操作，包括音量调节、选台、选取、波段选择等；短距离里程表切换/复位、DISP、空调温度、内外气切换等，如图 2-3-16 所示。

图 2-3-16　丰田普锐斯触摸屏

实践技能

2.3.4　车身控制系统的故障分析

1. 故障现象

吉利帝豪 EV450 纯电动汽车在停放一段时间后，发现汽车无法上高压电，可以解锁，可以上 ACC 档，无 ON 档，无法上高压电，双闪警报，仪表显示如图 2-1-6 所示。

初步判断，汽车车门可以解锁，车身控制系统的很多模块都能正常工作，车窗、刮水器等都正常，一键启动指示灯变黄，如图 2-1-7所示，接下来需要进行深入的排故障。

2. 故障诊断过程

（1）安全提示　车身控制系统输入电路属于低压系统，在进行故障检修时，无须高压下电，但是注意在进行操作前，要穿戴好防护装备，操作时要注意安全，必要时进行低压系统下电，搭铁测试时关闭起动开关，严格按照作业流程进行操作。

（2）读取故障码　为了缩小故障点的排查范围，首先需要利用故障诊断仪读取车辆故障码，具体操作步骤如下：

1）打开车门。

2）安装脚垫。

3）安装转向盘套。

4）安装座椅套。

5）将起动开关置于 OFF 位。

6）将故障诊断仪连接端子的一头插在车辆故障诊断接口上。

7）将端子的另一头插在故障诊断仪计算机上。

8）将起动开关置于 ON 位。

9）运行故障诊断软件。

10）选择吉利帝豪 EV450 纯电动汽车。

11）选择车身控制系统。

12）通过读取故障码，发现诊断软件上有一个故障码，B128329 IGN1 继电器控制输出无效，如图2-3-17所示。

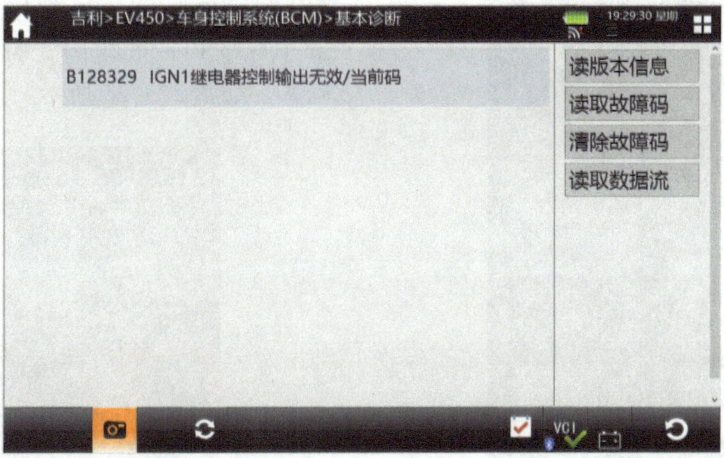

图2-3-17 1个故障码

经过清除故障码和再次读取故障码后，发现车辆仍存在图2-3-17中的故障，根据故障码，查找IGN1相关电路图，如图2-3-18所示，以及IGN1继电器在汽车上的位置，如图2-3-19所示。

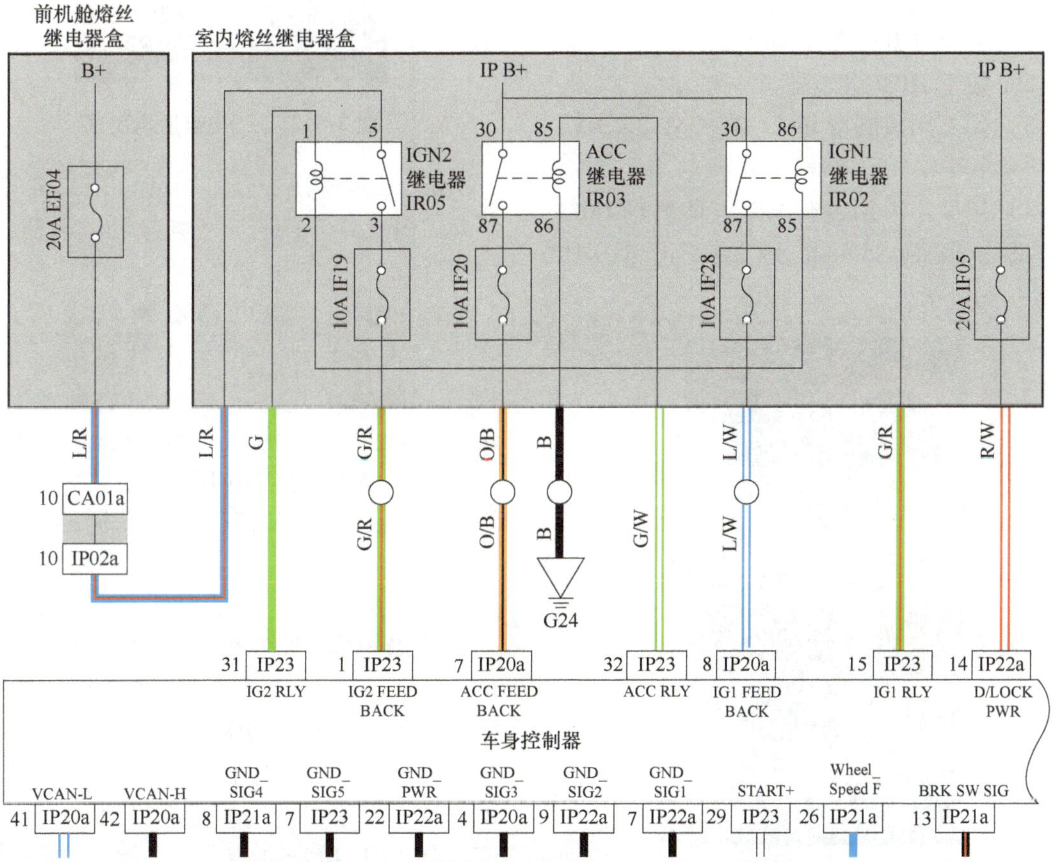

图2-3-18 IGN1继电器电路图

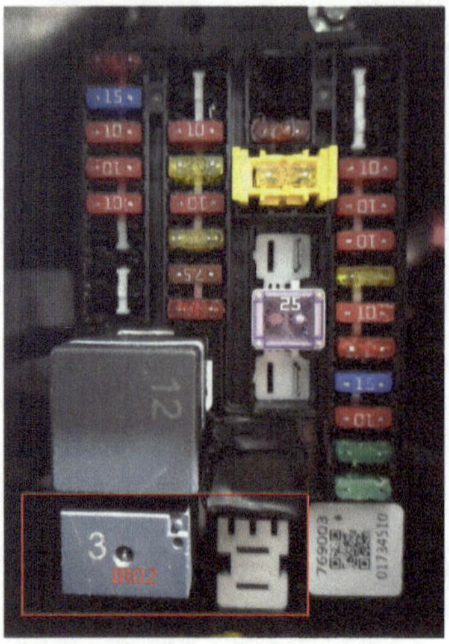

图 2-3-19　IGN1 继电器在车上的位置

（3）故障排除　根据初步分析，是汽车 IGN1 继电器有故障，具体排故操作步骤如下：

1）将起动开关置于 OFF 位。

2）拔下 IR02 继电器。

3）用万用表测量 IR02/30—GND 12.34V，正常。

4）用数字万用表调至电阻档测量 IR02 继电器线圈端 85—86 80.2Ω，正常，如图 2-3-20所示。

图 2-3-20　继电器线圈端测量

5）继电器通电测试，利用接线盒线束，给继电器 85—86 端接通 12V 电源，测量开关端 30—85 电阻无穷大，异常，故障确认，如图 2-3-21 所示。

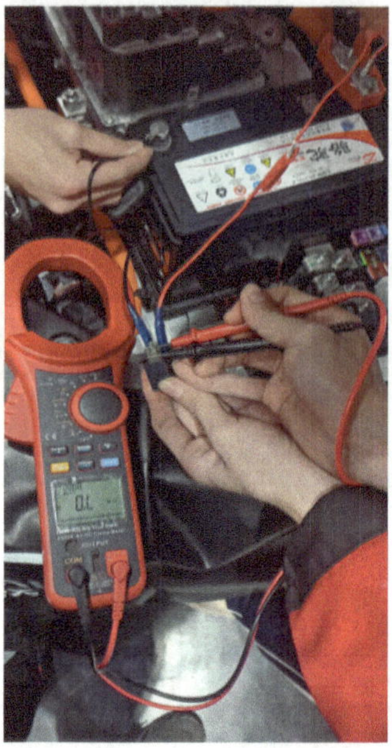

图 2-3-21　继电器通电测试

6）故障确认，经过测量为 IR02 继电器损坏，开关端不闭合，更换新的继电器，故障排除。

（4）试车　继电器更换完成后，汽车可以正常起动，仪表正常显示；重新连接故障诊断仪，利用故障诊断软件重新读取故障码、清除故障码、再次读取故障码，能够观察到 IGN1 相关故障码已消除；最后驾驶车辆行驶，车辆的加速性能良好。

3. 故障分析

IGN1 继电器失效后，汽车无法提供 IGN1 电，根据吉利帝豪 EV450 纯电动汽车的正常上电逻辑，如图 2-2-2 所示，吉利帝豪 EV450 纯电动汽车上电不能缺少 IGN1 电，汽车的很多模块就是通过 IGN1 电来唤醒，如 VCU 和 ESC 等。

学习小结

1. 最基本的汽车电控系统可以只有传感器、控制器与执行器，而无须反馈装置，这就是平常所说的开环控制系统；而带有反馈装置的电控系统模型，称为闭环控制系统。

2. 车身控制器输入电路属于低压系统电路，在进行故障检修时，无须高压下电，但是需要注意在进行操作时不碰触高压线束，搭铁测试时须关闭起动开关。

3. HMI（人机界面）是现代汽车开发中关乎安全性的重要项目，丰田普锐斯 HMI 主要包括中心仪表、风窗玻璃影像显示及触摸屏。

4. 吉利帝豪 EV450 纯电动汽车，IGN1 继电器是正常上电的重要前提条件。

学习情境 3

整车控制系统检测与维修

学习单元 3.1　整车控制器检查与更换

学习目标

1. 能够通过与客户交流和查阅相关维修技术资料获取车辆信息。
2. 能够独立制订工作计划并按计划实施。
3. 能够向客户介绍整车控制器的功用。
4. 能够按照正确的维修标准完成整车控制器的更换以及编程。
5. 能遵守个人和车间安全作业要求，注重个人安全防护。
6. 严格执行汽车的检修规范，养成严谨科学的工作态度。
7. 能根据环保的要求，正确处理对环境和人体有害的废料和损坏的零部件。
8. 能正确地检查工作结果并进行自我评估。

情境导入

假如你是吉利新能源4S店的一名车辆维修人员，接到一辆无法上电的汽车，经过检测后，发现整车控制器存在故障，现在需要根据正确的操作规范进行整车控制器的更换，你知道如何进行更换吗?

理论知识

3.1.1　整车控制器

整车控制器（VCU）是整个电动汽车的核心部件，它通过采集加速踏板信号、制动踏板信号及其他信号，进行相应的判断，然后控制各个部件动作，实现电动汽车正常行驶。整车控制器通过CAN总线与相关部件控制器交换信息并对当前车辆运行状态进行管理、调度。例如整车控制器通过采集踏板信号对驾驶人的意图进行解读，然后针对车辆不同配置，进行相应的能量管理，通过CAN总线将控制器指令传递到电机控制器，实现整车驱动及相应部件控制。吉利帝豪EV450纯电动汽车整车控制器的安装位置如图3-1-1所示。

图3-1-1　吉利帝豪EV450纯电动汽车整车控制器的安装位置

3.1.2　吉利帝豪EV450纯电动汽车整车的控制原理

吉利帝豪EV450纯电动汽车整车结构按照工作电压强度分为高压系统和低压系统，按照部件连接特性可以分为机械连接、电气连接及信号连接；按照类型又可以将信号分为输入信号、输出信号及通信信号。其整车控制原理如图3-1-2所示。

3.1.3　整车控制器的功能及端子认识

1. 整车控制器的功能

在纯电动汽车中，整车控制器除了控制汽车正常行驶之外，还具有汽车再生制动能量回馈控制、网络管理、故障诊断与处理及车辆状态与监视等功能。与各部件的动态控制相比，整车控制器属于管理协调型控制。吉利帝豪EV450纯电动汽车整车控制器的功能见表3-1-1。

表3-1-1　吉利帝豪EV450纯电动汽车整车控制器的功能

序　号	功　能
1	起动与停止
2	电机控制
3	蠕动
4	制动能量回收
5	制动控制
6	冷却控制
7	驾驶模式控制
8	限功率模式
9	动力切断控制
10	高压互锁
11	智能充电

2. 整车控制器的功能介绍

（1）起动与停止　车辆起动（KEYON）状态：当起动开关置于ON位，PEPS控制继电器给BMS和电机控制器供电，并通过CAN发送相关控制指令，完成整车各个系统的唤醒。

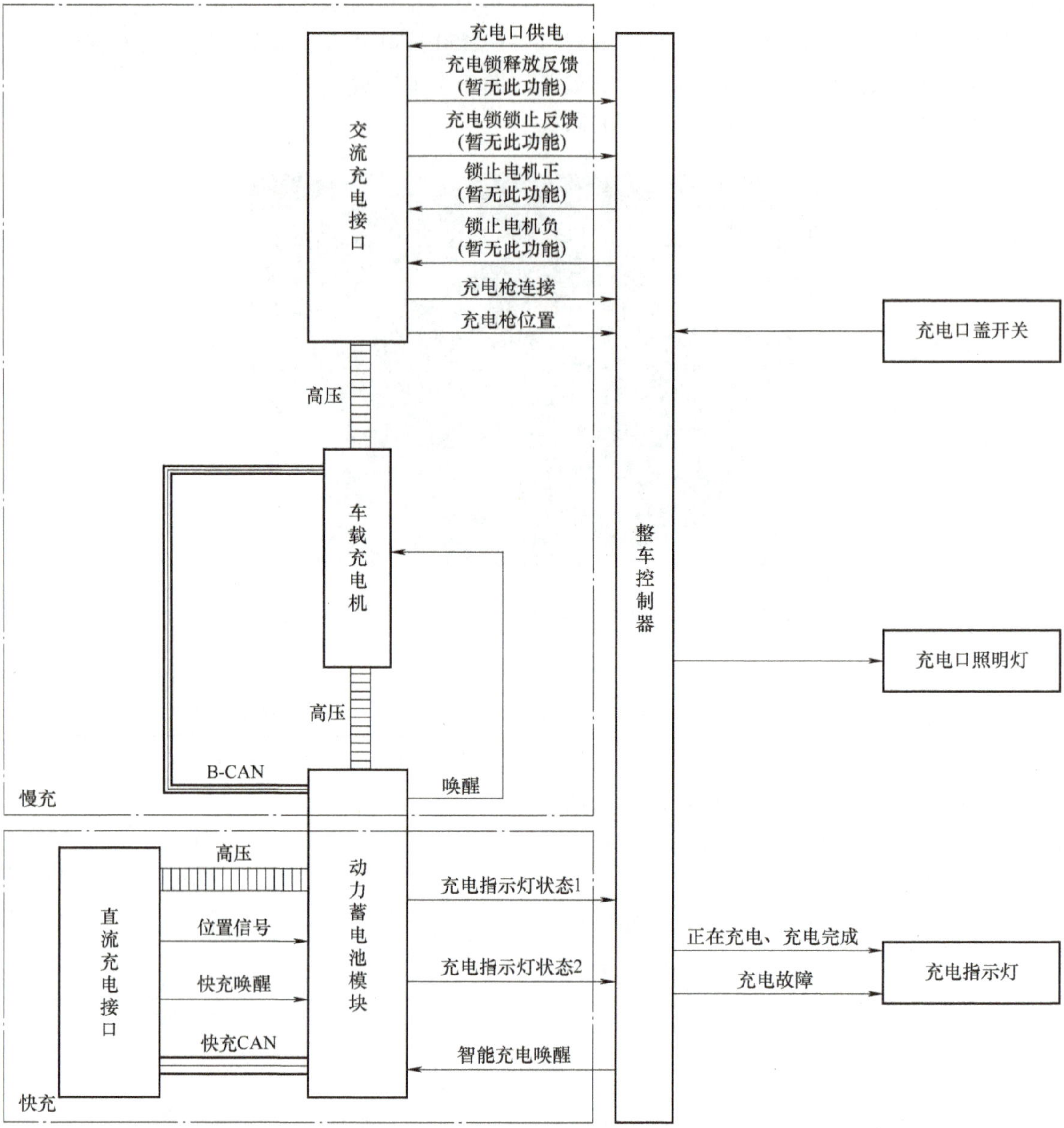

图 3-1-2　吉利帝豪 EV450 纯电动汽车控制原理

车辆就绪（READY）状态：当起动开关置于 ON 位，整车控制器通过 CAN 向 BMS 和电机控制器发送相关命令，使车辆进入临界状态。但当充电机处于连接状态、动力蓄电池电量过低、整车低压欠电压时，车辆无法进入“READY”临界状态。

（2）电机控制　VCU 根据踏板位置信号、档位信号，以及车速信号，计算车辆的目标转矩，通过 CAN 通信发送需要的转矩需求指令给电机控制器，电机控制器将动力蓄电池的直流电转换成电机可用的交流电，电机完成转矩输出。VCU 采集的驱动电机信号：将通过整车 CAN 采集电机驱动系统的下列信号，电机转速、电机转矩、输入高压信号、电机状态、IGBT 状态（过温等）、电机温度、电机控制器温度、TCU 温度等。

（3）蠕动　钥匙处于“START”位置，READY灯亮，车辆进入可行驶状态。踩下制动踏板，档位处于前进档或者倒档时，松开电子驻车制动，车辆可进入自动行驶的“蠕行”状态。前进档的“蠕行”状态，车速一般小于7km/h；倒车档的“蠕行”状态，车速一般慢于5km/h，如图3-1-3所示。

图3-1-3　汽车蠕动

（4）制动能量回收　当车辆处于制动或滑行工况时，VCU将制动踏板位置信号发送给ESC，ESC根据车速传感器信号及动力蓄电池状态等信息计算需要能量回收的反拖转矩，并发送给电机控制器，启动能量回收模式。此时，电机从驱动模式转变为发电模式，在电机控制单元的调节和控制下，将电机的发电电压升高，电机电磁感应产生较大的反向力，会通过传动系统传递给驱动车轮，帮助制动系统降低车速。同时，产生的电能通过电机控制器转换后存储到动力蓄电池，从而实现制动或滑行能量的回收，如图3-1-4所示。

但当动力蓄电池电量过高、车速过快、车速太低或已发生车辆故障的情形下，ESC将指令停止能量回收功能，此时制动的减速感会变弱。电机能量回收的能力，在其额定转速的范围内，可再生能量与车速基本成正比。当车辆所需的制动能量超出能量回收系统的工作范围时，电机可以吸收的能量达到极值后保持不变，超出部分能量就要被摩擦制动系统所吸收。

（5）制动控制　电动汽车的制动可以分为以下两种模式，不同模式应辅以不同的控制策略。

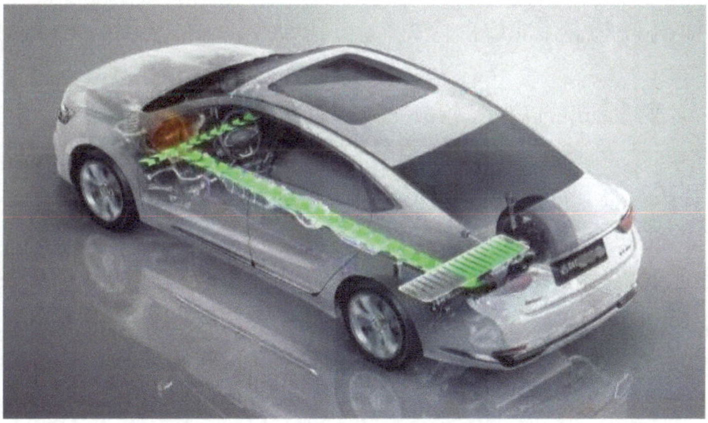

图3-1-4　制动能量回收

1）紧急制动：出于安全考虑，应以传统机械摩擦制动，再生制动仅起辅助作用。

此时车辆根据不同的初始速度，由 ESC 控制制动力的大小。

2）中轻度制动：汽车在正常工况下的制动过程中，如遇到红灯减速、停车或者滑行、靠边停车等，分为减速与停止两个过程。电气制动负责减速过程，机械摩擦制动负责停止过程。

（6）冷却控制　驱动电机、电机控制器、车载充电机、动力蓄电池采用电子冷却水泵，其提供了电机冷却所需冷却液的循环动力，如图 3-1-5 所示。在车辆处于行驶状态下，VCU 根据温度传感器采集的电机、电机控制器、IGBT 温度信号，并结合车辆行驶速度，发送 PWM 信号控制水泵转速，调节冷却液流量；VCU 根据从压缩机功率需求值，电机/电机控制器/IGBT 温度需求，来决定主、副风扇是停转还是低速运作、高速运转。

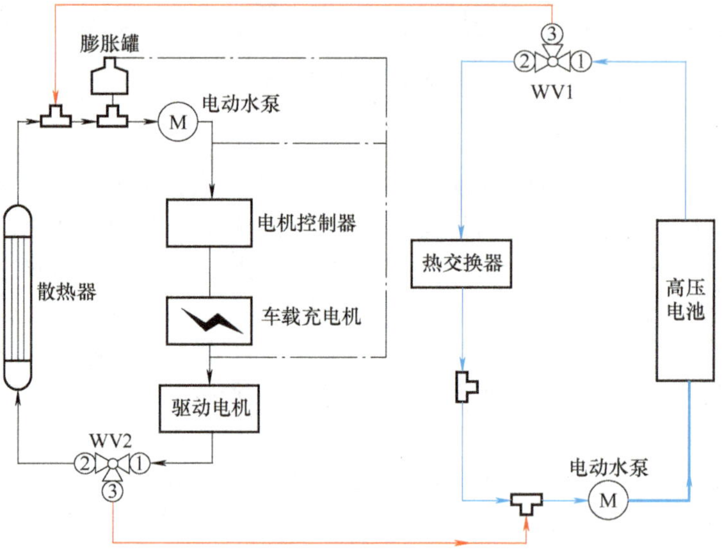

图 3-1-5　吉利帝豪 EV450 纯电动汽车冷却系统

（7）驾驶模式控制　吉利帝豪 EV450 纯电动汽车有两种驾驶模式：ECO 模式、SPORT 模式。

ECO 模式为车辆行驶的默认模式。SPORT 模式为运动档，当驾驶人按下“SPORT MODE”开关，车辆将进入 SPORT 模式，此时控制系统将使车辆具有更好的动力性能，同时也会造成电能消耗增加。

（8）限功率模式（跛行）　当发生特定故障但未达到断电程度时，动力电源不切断，但系统会限制电机输出的最大功率，车辆行驶的最高车速将降低（车速根据故障类型设置不同），使车辆可以开回家，或开到附件的维修站点，即“跛行”。

（9）动力切断控制　电动汽车采用高压动力，在车辆发生碰撞或者严重故障（绝缘故障、动力蓄电池验证过温/过电压、动力电机过电流/过温等）时，VCU 要求 BMS 切断高压回路上的继电器，确保人员安全。

（10）高压互锁　UCV 通过检测动力蓄电池、车载充电机、PTC 加热器、空调压缩机互锁回路状态，判断高压回路连接是否正常，并传输给 UCV。当高压互锁回路不通时，车辆无法正常上电。高压互锁如图 3-1-6 所示。

（11）智能充电　智能充电内容前已叙述。

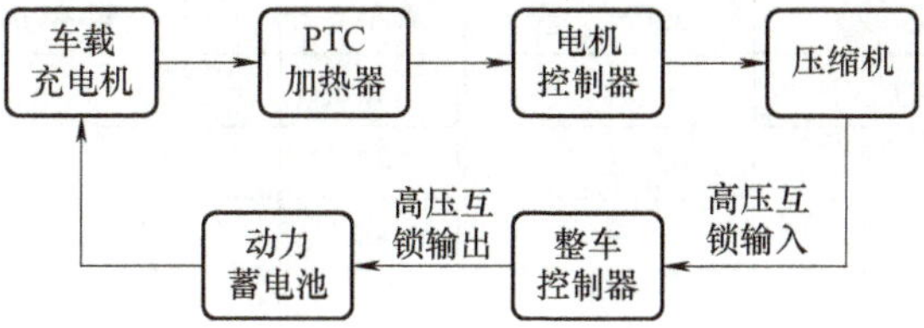

图 3-1-6　高压互锁

3. 整车控制器的插接器端子认识

吉利帝豪 EV450 纯电动汽车整车控制器上面主要有 CA66、CA67 两个低压插接器，根据端子编号及定义，可以清楚地掌握整车控制器在汽车上的作用。

1）CA66 整车控制器线束插接器 1 的结构如图 3-1-7 所示。

CA66 整车控制器线束插接器 1 端子定义见表 3-1-2。

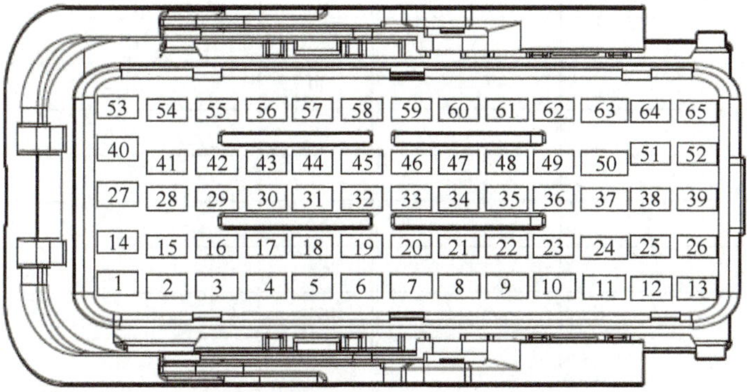

图 3-1-7　CA66 整车控制器线束插接器 1 的结构

表 3-1-2　CA66 整车控制器线束插接器 1 端子定义

端子号	端子定义	颜色	端子号	端子定义	颜色
1	GND	B	13	—	—
2	GND	B	14	—	—
3	—	—	15	TCU 唤醒	R/G
4	自用标定 CAN-H	BL/R	16	IPU 唤醒	BL/W
5	自用标定 CAN-L	Y/B	17	—	—
6	—	—	18	—	—
7	Hybrid CAN-L	BL/B	19	—	—
8	Hybrid CAN-H	GR/O	20	GSM IN	G/B
9	—	—	21	—	—
10	高速风扇继电器反馈	W/B	22	Chassis CAN-L	BL/W
11	低速风扇继电器反馈	W	23	Chassis CAN-H	GR
12	KL30	R	24	KL50	W/BL

（续）

端子号	端子定义	颜色	端子号	端子定义	颜色
25	主机电机反馈	Y	46	—	—
26	GND	B	47	—	—
27	—	—	48	—	—
28	—	—	49	—	—
29	—	—	50	IG	R/B
30	—	—	51	主能电器 EN	BR/W
31	—	—	52	UBR	Y
32	—	—	53	—	—
33	—	—	54	GND	B
34	—	—	55	—	—
35	—	—	56	—	—
36	—	—	57	—	—
37	—	—	58	HVIL IN	BR/W
38	—	—	59	—	—
39	UBR	Y	60	—	—
40	—	—	61	—	—
41	—	—	62	—	—
42	—	—	63	—	—
43	—	—	64	—	—
44	—	—	65	—	—
45	—	—			

2）CA67 整车控制器线束插接器 2 的结构如图 3-1-8 所示。

CA67 整车控制器线束插接器 2 端子定义见表 3-1-3。

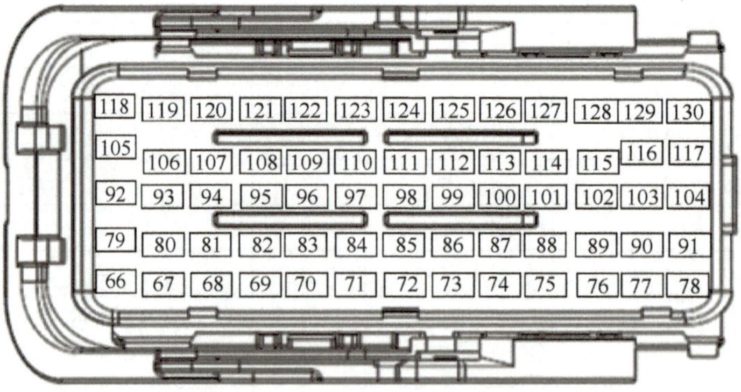

图 3-1-8　CA67 整车控制器线束插接器 2 的结构

表 3-1-3　CA67 整车控制器线束插接器 2 端子定义

端子号	端子定义	颜色	端子号	端子定义	颜色
66	—	—	86	制动开关 2	O
67	—	—	87	—	—
68	—	—	88	—	—
69	—	—	89	—	—
70	—	—	90	—	—
71	—	—	91	—	—
72	—	—	92	—	—
73	—	—	93	—	—
74	—	—	94	—	—
75	—	—	95	—	—
76	HVIL OUT	BR	96	制动开关 1	B/R
77	—	—	97	—	—
78	—	—	98	—	—
79	—	—	99	加速踏板电源 2	R/B
80	—	—	100	加速踏板电源 1	R/BL
81	—	—	101	电机水泵控制	G/R
82	—	—	102	—	—
83	电机水泵继电器反馈	R/W	103	—	—
84	—	—	104	—	—
85	—	—	105	—	—

扩展阅读

3.1.4　整车控制策略的介绍

整车控制策略是指整车控制器根据车辆各部件运行状态及车辆的运行工况，充分协调发挥各部件特性，完成车辆驱动的要求，协调整车功能，并进行整车状态监测和故障管理。下面结合吉利帝豪 EV450 纯电动汽车整车控制器的功能，从整车状态获取、整车驱动控制、整车故障管理等方面介绍整车控制策略。

1. 整车状态获取

整车状态获取的方式主要有：通过车速传感器、档位信号传感器等检测整车的运行状态；通过 CAN 总线获得电池管理系统、电机驱动系统等状态信息。

纯电动汽车整车状态的相关内容主要有：起动开关状态（LOCK、ACC、ON、START）、充电监控状态（充电唤醒、连接状态、快充电信号、慢充电信号）、档位状态、加速踏板状态、制动踏板状态、电池管理系统状态（继电器状态、电压、电流等）、电机控制状态（工作模式、转矩、转速等）、组合仪表状态、防抱死制动系统（ABS）状态等。

纯电动汽车整车工作模式主要有充电模式和行驶模式两种。充电模式根据充电唤醒信号及快充/慢充充电门板信号进行判断；行驶模式下起动开关位于 ON 位，且无充电唤醒信号和充电门板信号。整车控制器由低压唤醒后，将进行周期性的整车工作模式判断，其中，充电模式将优先于行驶模式，即充电模式不能切换到行驶模式，而行驶模式可以切换到充电模式。当车辆起动开关位于ON位时充电，关闭充电口后，车辆不能正常高压上电，此时需要驾驶人将起动开关置于非ON位，然后再次置于ON位，方可高压上电；车辆工作在行驶模式下，当检测到有充电需求时，整车控制器将先执行高压下电，然后再进行正常充电流程。正常充电流程和整车上电流程如下：

（1）正常充电流程

1）当车辆插入充电枪时，整车控制器检测到充电信号，判断进入充电模式，仪表充电连接指示灯点亮。

2）充电唤醒信号进入整车控制器、BMS和仪表等。

3）进入充电模式后，整车控制器收到允许充电指令。

4）电池管理系统与充电机充电桩建立充电连接，开始充电。

进入充电过程后，整车控制器将不再直接参与充电控制，而是实时监控充电过程，并对异常情况进行紧急充电停止操作，以及部分信息的仪表显示、监控平台信息上传。

（2）整车上电流程

1）低压上电。将起动开关置于ON位，整车控制器、电池管理系统、电机控制器等所有控制部件的低压系统上电并进行初始化。

2）高压上电。将起动开关置于ON位后，在各控制部件当前状态正常且整车不满足充电条件的情况下，开始执行高压上电。电池管理系统及电机控制器完成初始化后，整车控制器检测电池管理系统反馈的电池正/负继电器状态，若继电器处于断开状态，则整车控制器先闭合高压系统主继电器，然后闭合其他高压系统继电器（如空调系统高压继电器），同时向电池管理系统发出上电指令，进行预充电操作，然后整车控制器实时检测档位是否置于N位，且上电过程中驾驶人是否有将起动开关置于START位的操作，同时控制显示仪表READY灯点亮，水泵、DC/DC等部件开始正常工作。

2. 整车驱动控制

整车驱动控制即转矩控制，其核心内容包括工况判断、需求转矩计算和转矩输出等。工况判断主要是根据当前整车状态信息（如加速踏板/制动踏板位置、当前车速及整车故障信息等）来判断当前需要的整车驾驶需求。由于加速踏板信号、制动踏板信号受驾驶人操控，因此工况判断也包含了驾驶人意图的解析。

吉利帝豪EV450纯电动汽车运行工况主要划分为紧急故障工况、怠速工况、加速工况、能量回收工况、零转矩工况和跛行工况等，在不同工况下车辆运行的转矩需求不同。当判断出车辆运行工况后，整车控制器将根据工况，并结合动力蓄电池系统及驱动电机系统计算出车辆当前需求的转矩。一般情况下紧急故障工况下车辆为零转矩需求，并需要切断高压电；怠速工况目标车速在规定值的情况下，转矩需求为零；加速工况的转矩需求根据加速踏板位置及车速等确定；能量回收工况下主电机反拖制动产生负转矩；跛行工况下将对电机输出功率及车速进行限制。整车控制器完成车辆需求转矩计算后，根据当前车辆的转矩输出能力，以及当前整车状态参数，最终计算出需要输出的转矩，然后控制驱动电机系统驱动力输出，实现整车的驱动控制。

实践技能

3.1.5　整车控制器的更换

整车控制器出现故障时，通常采用的维修方法是进行拆卸和更换。拆下的整车控制器将送回控制器生产商进行维修。下面以吉利帝豪 EV450 纯电动汽车为例，介绍整车控制器更换实践操作的注意事项和工作流程。

1. 安全提示

在进行整车控制器更换时，应注意安全操作问题。由于整车控制器由低压供电系统进行供电，因此首先需要拆下低压蓄电池负极连接线束，并进行可靠搭铁；虽然整车控制器独立于整车高压系统，但为了避免误操作导致的高压触电，需要确保整车无绝缘故障。因此整车控制器的更换操作应在低压下电及无绝缘故障前提下进行。

2. 控制器的更换

吉利帝豪 EV450 纯电动汽车的整车控制器由 4 个紧固螺栓固定在前机舱内部靠近驾驶室的位置，如图 3-1-1 所示，整车控制器左边有两个插接件，用于控制器供电、输入输出的信号及与其他机构部件控制器进行通信。

整车控制器的更换步骤如下：

1）打开车门，安装三件套：转向盘套、座椅套、脚垫，如图 2-2-15 所示。

2）确保起动开关关闭，拉动前机舱盖拉手。

3）打开前机舱盖，安装翼子板布、前格栅布，如图 2-2-16 所示。

4）取下蓄电池负极，可靠搭铁。

5）拔下整车控制器插接器插头，如图 3-1-9所示。

6）拆下整车控制器 4 个紧固螺栓，如图 3-1-10 所示。

7）取下整车控制器。

8）更换新的整车控制器。

9）安装整车控制器 4 个紧固螺栓，注意力矩：8N · m（公制），5.9lbf · ft（英制）。

10）安装整车控制器连接插头，注意：一插、二响、三确认。

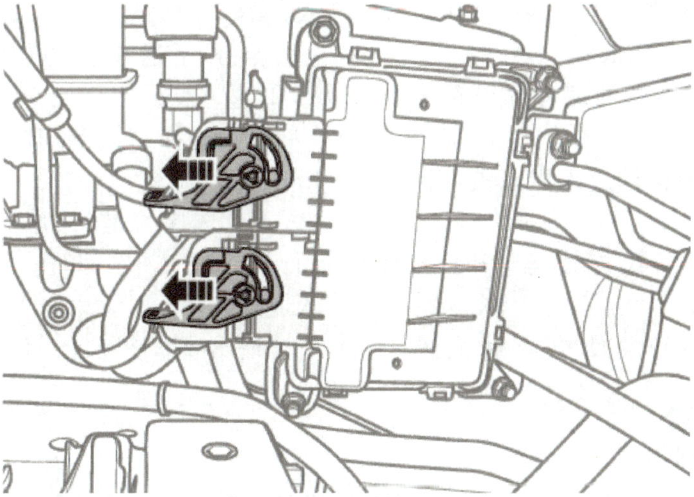

图 3-1-9　拆开插接器插头

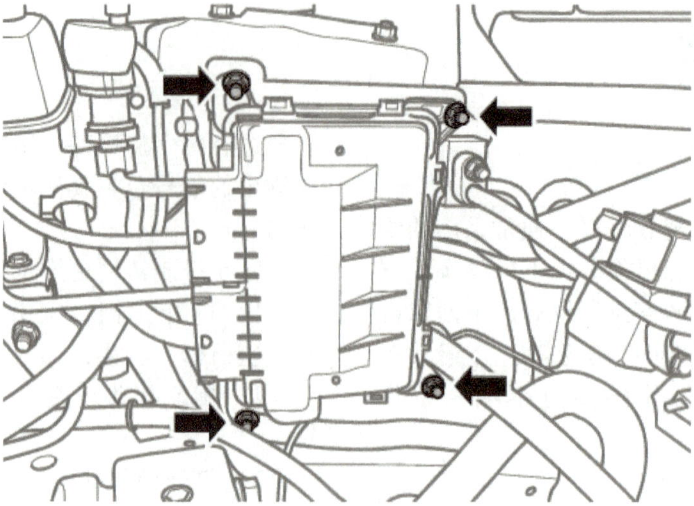

图 3-1-10 拆下整车控制器的 4 个紧固螺栓

11）安装蓄电池负极。

12）取下翼子板布和前格栅布。

13）关闭前机舱盖。

14）取下三件套。

15）起动汽车，检查汽车是否正常上电。

3. 更换整车控制器后的编程和设置

完成整车控制器更换后，对新的整车控制器进行编程和设置，设置之前要检查蓄电池的电压为 9～16V，车辆所有功能都应该能正常工作，更换 VCU 后若未完成写 VIN、ESK 工作，则车辆无法起动，此时仪表无报警，车辆不报警但整车会记录故障码，故障码为：VCU 未写入 ESK 码。

更换整车控制器后的编程和设置步骤如下：

1）将本车遥控钥匙放入可以被认证的区域内。

2）将故障诊断仪连接至 OBD 诊断接口。

3）按下起动开关使电源模式置于“ON”位。

4）开启故障诊断仪，选择“帝豪 EV350/450”。

5）选择“整车控制器（VCU）”，进入“整车控制器（VCU）”系统。

6）选择“写数据功能”，进入“写数据功能”界面。

A 选择“写车辆识别码（VIN 码）”，进入“写车辆识别码（VIN 码）”界面。

B 弹出“输入数据”界面，输入 17 位车辆识别码（VIN 码），单击“确认”，写入完毕。

点出“退出”，进入“整车控制器（VCU）”系统。

7）选择“写入 ESK”，弹出“写入 ESK 码”选择。

8）选择“是”，弹出“写入数据”界面，写入 ESK 码，单击“确认”，ESK 码写入成功。

退出故障诊断仪，车辆可以正常行驶。

学习小结

1. 整车控制器通过 CAN 总线与相关部件控制器交换信息并对当前车辆运行状态进行管理、调度。

2. 整车控制器的功能主要有：接收、处理驾驶人的驾驶操作指令，并向各个部件控制器发送控制指令，使车辆按驾驶人的期望行驶，通过CAN总线与子系统进行通信，接收、处理各个零部件信息，系统故障的判断和存储，对整车进行分级保护，协调管理车上其他电气设备。

3. 整车控制器的功能：起动与停止、电机控制、蠕动、制动能量回收、制动控制、冷却控制、驾驶模式控制、限功率模式、动力切断控制、高压互锁、智能充电。

4. 完成整车控制器更换后，对新的整车控制器进行编程和设置，设置之前要检查蓄电池的电压为9～16V，车辆所有功能都应该能正常工作。

学习单元3.2 整车网络系统异常检测与维修

学习目标

1. 能够通过与客户交流和查阅相关维修技术资料获取车辆信息。
2. 能够独立制订工作计划并按计划实施。
3. 能够掌握和分析车辆网络总线故障的原因。
4. 能独立使用示波器对总线进行波形检测并进行波形分析。
5. 能够根据车辆维修手册检查判断总线故障的部位，独立完成对车辆总线故障的诊断与排除。
6. 严格执行汽车的检修规范，养成严谨科学的工作态度。
7. 能根据环保要求，正确处理对环境和人体有害的废料和损坏的零部件。
8. 能正确地检查工作结果并进行自我评估。

情境导入

一辆纯电动汽车无法上电和充电，车窗也无法工作，维修人员进行了一系列检查，最终找到了故障的原因，你们想知道是什么原因吗，我们一起来学习吧！

理论知识

3.2.1 CAN总线的检测

1. CAN总线故障预防知识

（1）不要拉伸CAN总线线束　CAN总线采用的是金属线束材料，其材质为铜线，拉伸导线会出现断路，从而使CAN系统出现故障，导致车辆无法正常使用。

（2）不要将CAN总线线束拆开超过4cm　车辆上的CAN总线系统都是使用双绞线，经过包裹后就有了防干扰功能，维修总线时，如果将总线拆开过长，会破坏CAN总线的抗干扰能力，使传输的数据也会发生变化，从而影响车辆的正常使用。

（3）不要将 CAN 总线线束与其他导线连接　CAN 系统是一个封闭的网络传输系统，系统上只能有各个控制单元、CAN 总线线束和终端电阻 3 部分，如果把 CAN 总线与其他线束相连会导致总线传输的数据发生错误。如果和电源线或者搭铁线相连会导致整个 CAN 系统瘫痪，严重影响车辆的正常使用。

（4）使用厂家推荐的故障诊断仪器进行诊断　新能源电动汽车与传统的燃油汽车在总线控制上有些区别，电动汽车网络系统更加复杂，使用诊断工具时尽量使用厂家推荐的诊断仪器，避免出现无法正常读取的现象。

2. CAN 总线信号诊断

新能源电动汽车在诊断网络故障时可以使用示波器，使用示波器双通道输入可以对 CAN 总线上传递的信号进行监测，信号应有如下特征：

1）CAN-H 线上的电压信号为 2.5 ~ 3.5V，CAN-L 线上的电压信号为 1.5 ~ 2.5V。

2）信号传递随起动开关打开而开始，但起动开关关闭 2s 以后信号传递才结束。

3）CAN-H 和 CAN-L 两种信号互为镜像，两个电压和为 5V。

3. CAN 总线故障原因

CAN 总线系统中拥有一个 CAN 控制器、一个信息收发器、两个数据传输终端及两条数据传输总线，除了数据总线外，其他各元件都置于各控制单元的内部。分析 CAN 总线系统产生故障的原因一般有以下 3 种：

1）汽车电源系统引起的故障：汽车电控模块的工作电压一般为 10.5 ~ 15.0V，如果汽车电源系统提供的工作电压不正常，就会使某些电控模块出现短暂的不正常工作，这会引起整个汽车 CAN 总线系统出现通信不畅。

2）汽车 CAN 总线系统的链路故障：当出现通信电路的短路、断路或电路物理性质变化引起通信信号衰减或失真，都会导致多个 ECU 工作不正常，使 CAN 总线系统无法工作。

3）汽车 CAN 总线系统的节点故障：节点是汽车 CAN 总线系统中的电控模块，因此节点故障就是电控模块的故障。它包括软件故障和硬件故障。软件故障，即传输协议或软件程序有缺陷或冲突，从而使汽车 CAN 总线系统通信出现混乱或无法工作，这种故障一般会成批出现；硬件故障一般是电控模块芯片或集成电路故障，造成汽车 CAN 总线系统无法正常工作。

4. CAN 总线系统的检测方法

（1）终端电阻的检测　在电阻测量过程中应注意：先断开车辆蓄电池负极的接线，大约等待 5min，直到系统中所有的电容器放完电后再测量，因为控制单元内部电路的电阻是变化的。

终端电阻测量结果分析：如图 3-2-1 所示，带有终端电阻的两个控制单元是并联的。单独测量一个终端电阻大约为 120Ω，总值约为 60Ω。对总的电阻进行测量后，还需要将一个带有终端电阻的控制单元的插头拔下，进行两次单个电阻的测量，如果被拔下一个终端电阻后所测的阻值发生变化，变成 120Ω 时，则说明两个终端电阻都正常。如果将一个带有终端电阻的控制单元插头拔下后，所测量的阻值没有发生变化，则说明系统中存在问题，可能是被拔下的控制单元电阻损坏或是 CAN 出现断路。如果在拔除一个终端电阻的 ECU 后所测的阻值变为无穷大，或者是未被拔除的 ECU 终端电阻损坏，或者是该 ECU CAN 总线导线出现断路。如果出现的阻值小于 60Ω 时，可能两条总线出现相互间的短路。

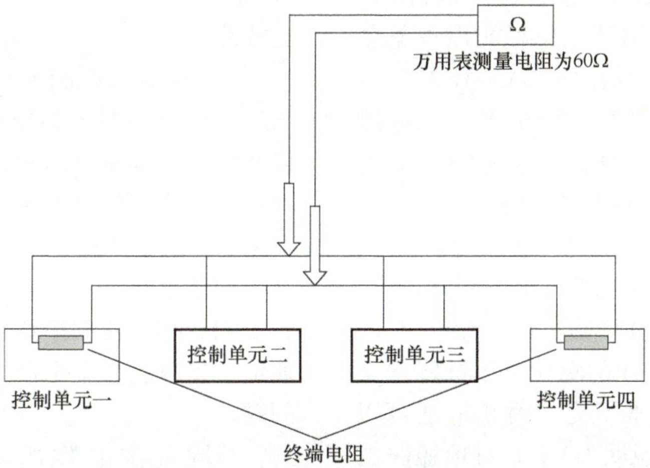

图3-2-1　终端电阻的测量方法

(2) 总线对地电压的测量　CAN-H信号在总线空闲时的电压约为2.5V，总线上有信号传输时，电压值在2.5～3.5V范围内高频波动，因此，CAN-H的主体电压应是2.5V，正常情况下，当CAN总线唤醒后，CAN-H对地的电压为2.6V左右。同理，CAN-L信号在总线空闲时的电压约为2.5V，总线上有信号传输时电压值在1.5～2.5V范围内高频波动，当CAN总线唤醒后，CAN-L对地的电压为2.3V左右。两者的电压相加约为5V，如图3-2-2所示。

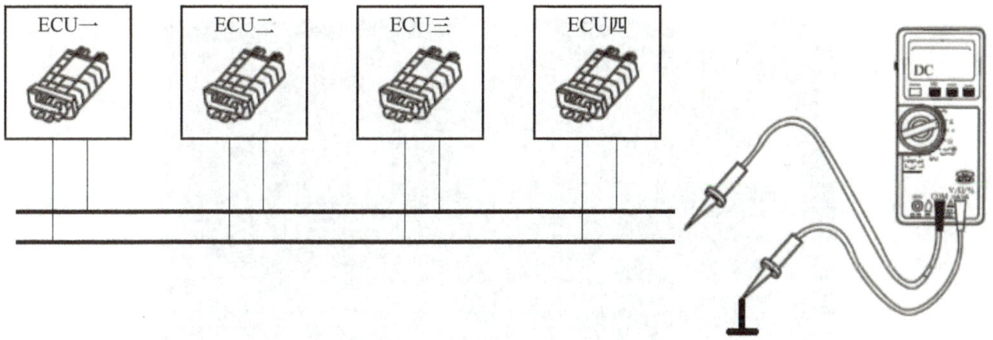

图3-2-2　CAN总线对地电压的检查方法

(3) 总线对地电压的分析及故障排除方法

1) 当CAN-H与CAN-L互相短路后，CAN电压电位置于隐性电压值（约为2.5V）。实际测量两条CAN导线的电压始终在2.5V左右，基本不变化。那么这样就基本能判定两条CAN总线存在相互短路的故障。

2) 当出现CAN-H对电源（正极）短路故障时，根据CAN总线的容错特性，可能出现整个CAN网络无法通信的情况。以对12V电源短路为例，此时CAN-H电压电位被置于12V，CAN-L线的隐性电压被置于约为12V。实际测量电压，若发现CAN-H电压为12V，CAN-L电压被置于约为11V，则说明出现此类故障。

3）当出现 CAN-H 对地短路故障时，根据 CAN 总线的容错特性，可能出现整个 CAN 网络无法通信的情况。CAN-H 的电压位于 0V，CAN-L 的电压也位于 0V。实际测量电压，若发现 CAN-H 的电压为 0V，且无断路问题，则说明出现此类故障。

4）当出现 CAN-L 对地短路故障时，根据 CAN 总线的容错特性，可能出现整个 CAN 网络无法通信的情况。此时 CAN-L 的电压约为 0V，CAN-H 的隐性电压被降低至 0V，但显性电压基本不变，因此依然可以传输数据，由此可说明 CAN-L 对地短路的容错性比较好。实测 CAN 总线电压，若 CAN-L 的电压为 0V，CAN-H 的电压为 1V 左右，则说明出现此类故障。

5）当出现 CAN-L 对电源（正极）短路这种故障时，根据 CAN 总线的容错特性，可能出现整个 CAN 网络无法通信的情况。由于 CAN-L 对电源短路，因此 CAN-H 的电压也被置于 12V。实际测量发现 CAN-L 和 CAN-H 的电压均为 12V，则说明出现此类故障。

6）当某个控制模块 CAN-H 和 CAN-L 导线出现断路时，会导致该模块无法通信，但其他的控制模块的通信还是有的，在其他的控制模块可能读到此故障模块的故障码。如果多个控制模块的 CAN-H 和 CAN-L 导线出现断路时，那么这些控制模块的通信都会受到影响。还需注意，如果单个模块无法通信，也可能是单个模块的电源和搭铁出现问题。

排除此类故障的方法是，通过插拔 CAN 总线上的控制模块（节点），可以判断是由哪个节点引起的故障还是导线引起的故障。

（4）总线故障波形分析

1）CAN-H 与 CAN-L 互相短路。当 CAN-H 与 CAN-L 短路时，CAN 网络会关闭，无法进行通信。CAN-H 与 CAN-L 短路总线波形如图 3-2-3 所示。

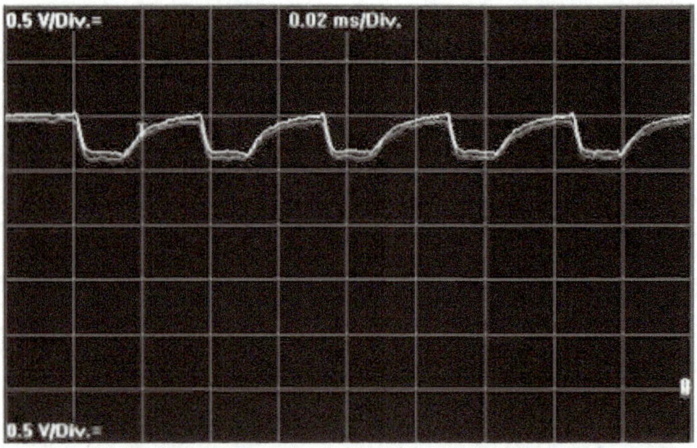

图 3-2-3　CAN-H 与 CAN-L 短路总线波形

2）CAN-H 对电源（正极）短路。当出现 CAN-H 对电源（正极）短路故障时，示波器波形如图 3-2-4 所示。

3）CAN-H 对地短路。当出现 CAN-H 对地短路故障时，可能会在 CAN-L 上出现一小部分的电压变化，示波器波形如图 3-2-5 所示。

4）CAN-L 对地短路。当出现 CAN-L 对地短路故障时，示波器波形如图 3-2-6 所示。

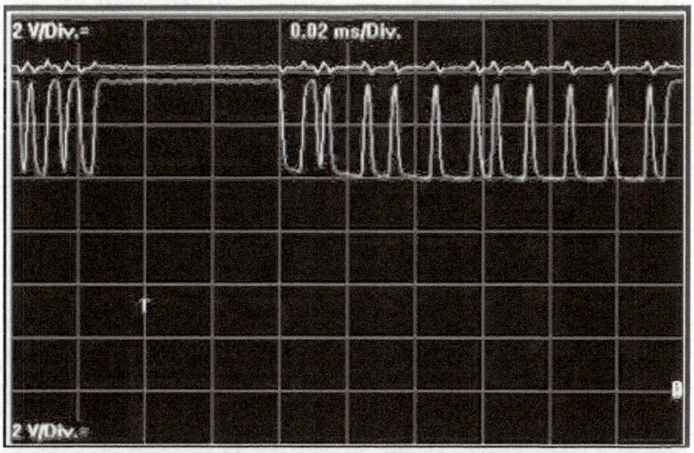

图 3-2-4 CAN-H 对电源（正极）短路总线波形

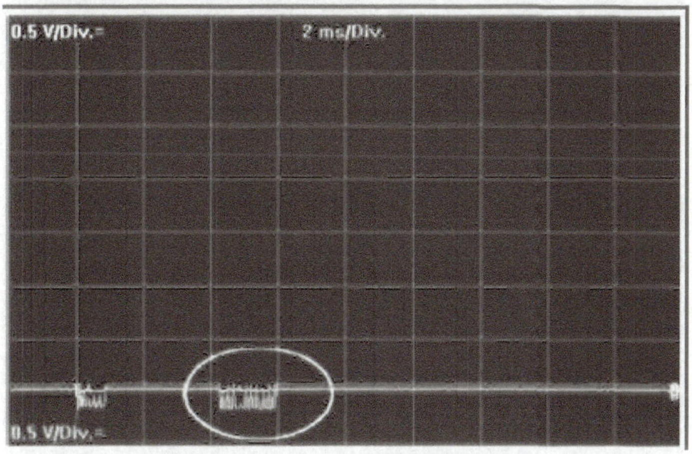

图 3-2-5 CAN-H 对地短路总线波形

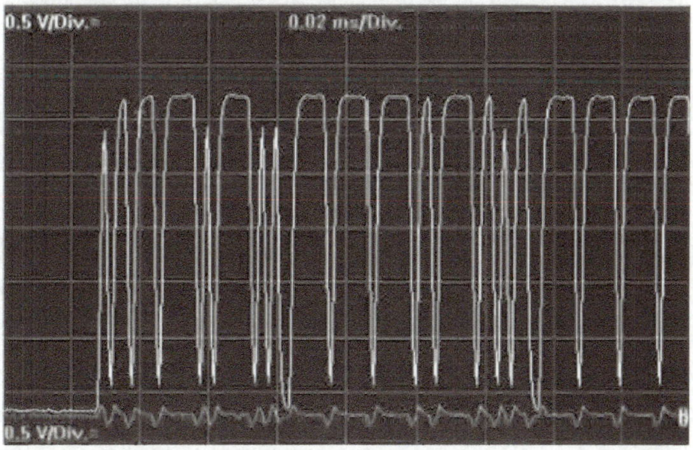

图 3-2-6 CAN-L 对地短路总线波形

5）CAN-L对电源（正极）短路。当出现CAN-L对电源（正极）短路故障时，示波器波形如图3-2-7所示。

6）CAN-L断路。CAN-L断路的总线波形如图3-2-8所示。

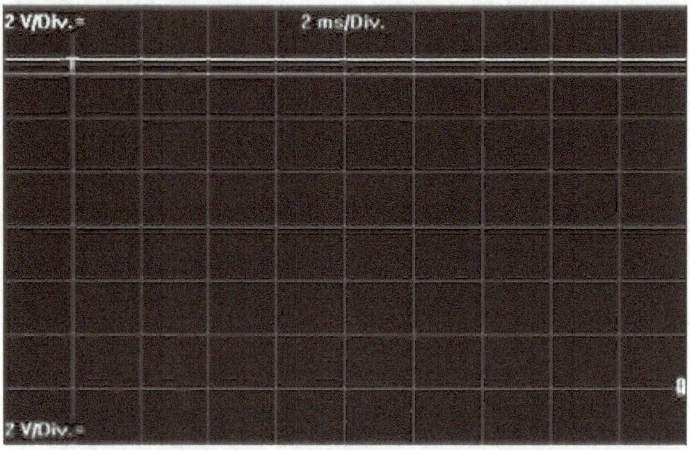

图3-2-7　CAN-L对电源（正极）短路总线波形

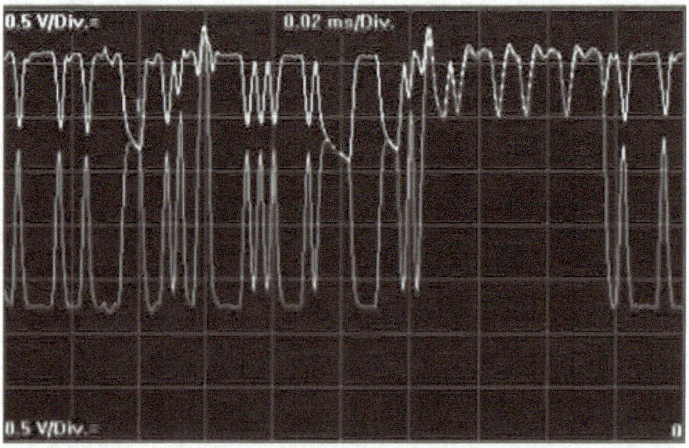

图3-2-8　CAN-L断路的总线波形

7）CAN-H断路。CAN-H断路的总线波形如图3-2-9所示。

5. CAN总线修理

1）修理后的总线必须要焊接牢固，焊接后，需用聚氯乙烯带包裹被修理的零件。

2）总线修理好以后安装时，必须把这2根总线互相缠绕在一起。如果总线未缠绕，CAN总线容易受到噪声干扰。

3）CAN-H和CAN-L总线之间的长度差异应在100mm以内，超过则会引起数据传输出现偏差。

4）不要在插接器之间使用旁路导线，如果使用旁路导线，将无法发挥所缠绕的线束的保护作用。

5）在用测试仪检查电阻时，将测试仪探头从插接器的后侧（线束侧）插入。如果无法从插接器的后面检查导通性，使用维修导线检查插接器。

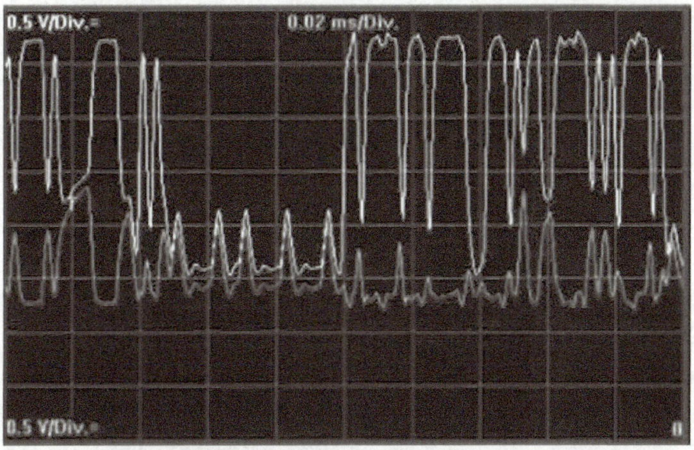

图 3-2-9　CAN-H 断路的总线波形

6）CAN 总线发生断路故障时，导线连接部位长度不能超过 L_1：50mm，如图 3-2-10所示。

7）如果断路的部位有两处以上时，两处断点必须满足距离在 L_2：100mm 以上才允许修理，否则更换 CAN 总线导线，如图 3-2-10所示。

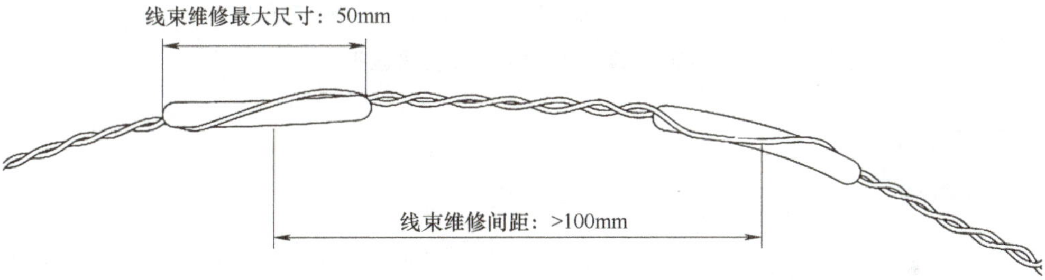

图 3-2-10　CAN 总线维修最大尺寸与维修距离

3. 2. 2　LIN 总线的检测

1. LIN 总线的自诊断

对 LIN 数据总线系统进行自诊断时，需要使用 LIN 主控制模块的地址码。自诊断数据经 LIN 总线由 LIN 从控制模块传至主控制模块。在 LIN 从控制模块上可以完成所有的自诊断功能。

2. LIN 总线无法通信的故障原因

1）在 LIN 主控制模块中已规定好的时间间隔内，LIN 从控制模块数据传递有故障。

2）LIN 总线线束有断路或短路。

3）LIN 从控制模块供电和搭铁有故障。

4）LIN 从控制模块损坏。

3. LIN 总线故障测量方法

LIN 信号的示波器测量方法，对示波器进行相应的设置，测试 LIN 信号的直流平均电压。当没有进行数据通信时，LIN 信号的直流平均电压为 12V 左右，该电压也是 LIN 信号的休止电压，如图 3-2-11 所示。

当 LIN 总线有数据通信时，LIN 信号的直流平均电压为 10V，而且是动态变化的，如图 3-2-12 所示。

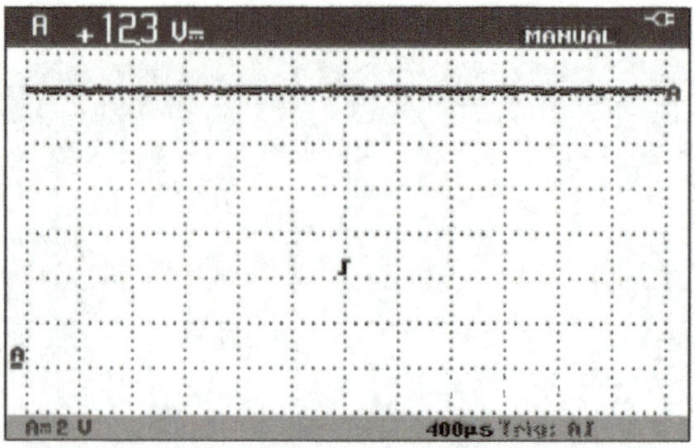

图 3-2-11　没有通信时 LIN 信号波形

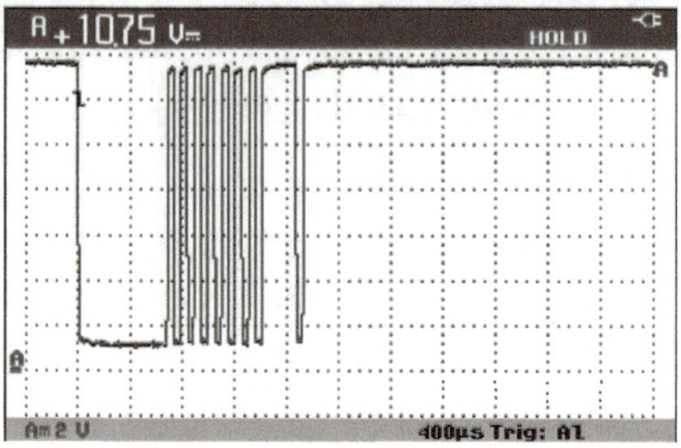

图 3-2-12　通信时 LIN 信号波形

实践技能

3.2.3　吉利帝豪 EV450 纯电动汽车无法上电故障分析

1. 故障现象

一辆吉利帝豪 EV450 纯电动汽车无法上电，用故障诊断仪无法读取该车 P-CAN 系统故障码，显示无法进入系统。初步判断为系统总线的故障，维修人员准备对该车进行故障诊断与排除。

2. 作业过程

1）做好车辆防护和安全提示。车辆 CAN 总线属于低压系统，在进行故障检修时，无须高压下电，但是需要注意，在进行操作前，要穿戴好防护装备，操作时不要触碰高压线束，必要时进行低压系统下电，搭铁测试时关闭起动开关，严格按照作业流程进行操作。

2）连接专用故障诊断仪，读取整车故障码，如图 3-2-13 所示。

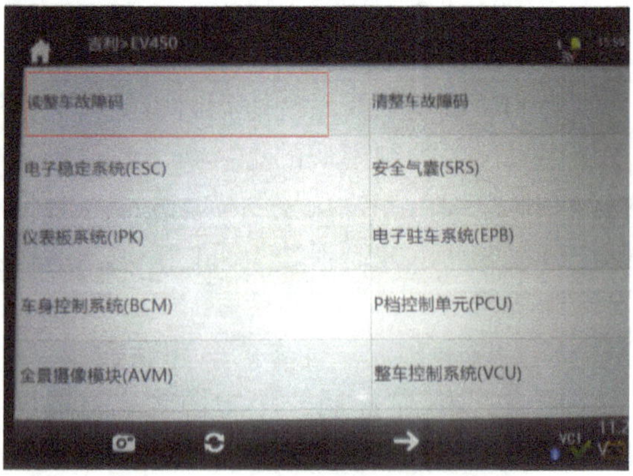

图 3-2-13　故障码读取操作示意图

读取结果为，P-CAN系统ECU都读取失败，显示如图3-2-14所示。进入P-CAN系统中某一个控制单元，显示为与ECU连接失败，如图3-2-15a、b所示。

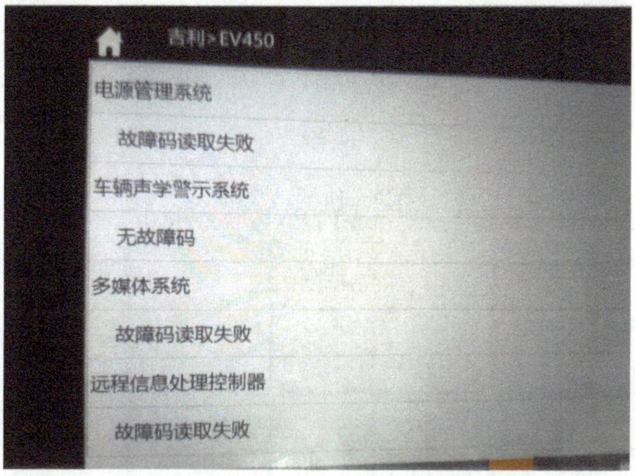

图3-2-14　故障诊断仪读取结果

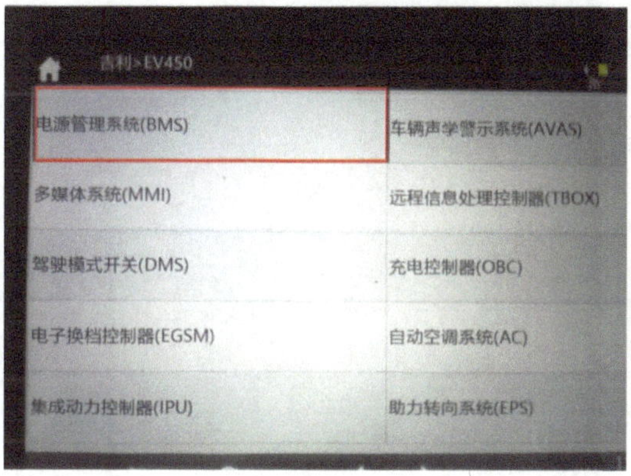

a) 进入BMS

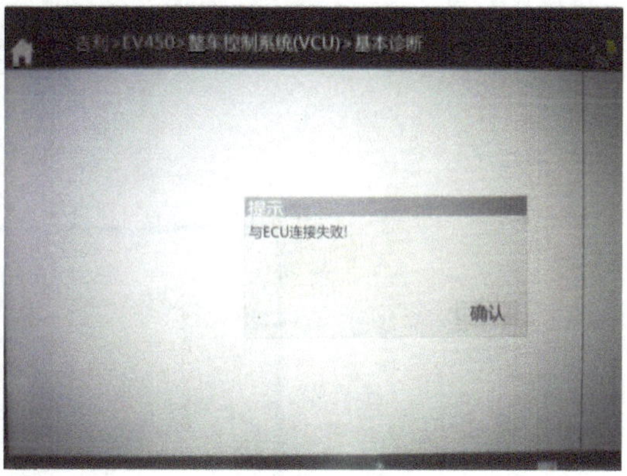

b) 故障诊断仪显示结果

图3-2-15　进入BMS和故障诊断仪显示结果

3）查询车辆维修手册，如图3-2-16和图3-2-17所示。诊断接口各端子用途见表3-2-1。

3. 操作步骤

1）根据车辆维修手册数据通信系统找到诊断接口位置示意图，如图1-3-14所示。

2）将起动开关置于OFF位，使用万用表欧姆档位测量诊断接口3号端子和11号端子间的电阻。图1-3-16所示为正常的终端电阻，图1-3-17所示为异常的终端电阻。

3）将起动开关置于ON位，分别使用万用表直流电压档位测量诊断接口3号端子和11号端子与搭铁间的电压，图3-2-18a为CAN-H的电压，其值应为2.6V左右，图3-2-18b所示为CAN-L的电压，其值应为2.3V左右。图3-2-18c和图3-2-18d为异常电压。

4）将起动开关置于OFF位，使用万用表欧姆档位分别测量诊断接口3号端子和11号端子与搭铁间的电阻。发现诊断接口11号端子与地电阻为无穷大，3号端子CAN-H与地有导通现象，电阻为0.78Ω，不为无穷大，异常。

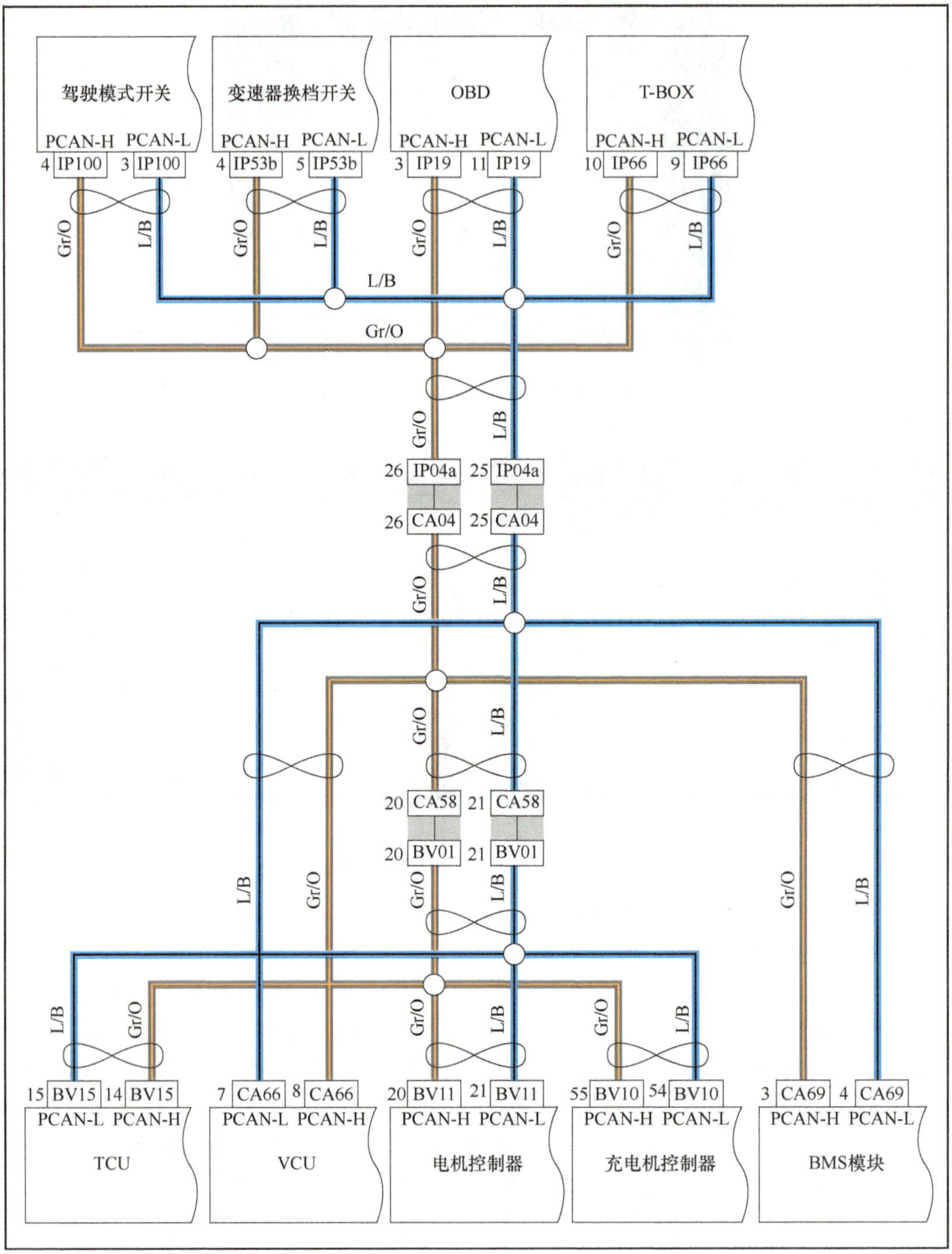

图 3-2-16 P-CAN 网络系统电路图

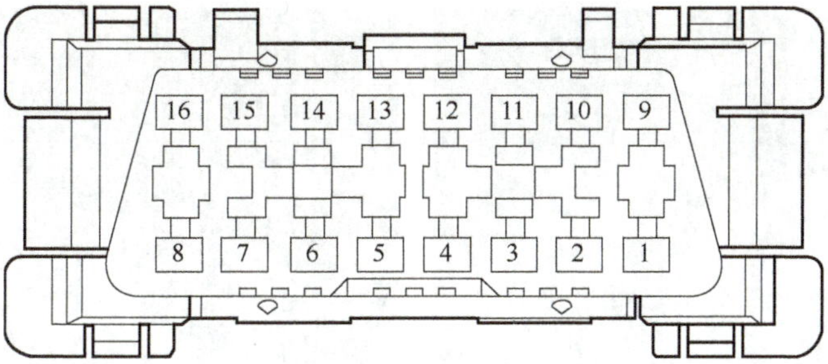

图3-2-17　诊断接口示意图

表3-2-1　诊断接口各端子用途

端子号	端子定义	颜色	端子状态	状态
1	C CAN-L	B/W	总线	—
2	C CAN-H	P/W	总线	—
3	P CAN-H	Gr/O	动力总线-高	—
4	GND	B	搭铁	负极
5	GND	B	搭铁	负极
6	V CAN-H	Gr	车身总线-高	—
7	UDS CAN_1L	Y/B	总线	—
8	UDS CAN_1H	L/R	总线	—
9	CAN-H	L/W	总线	—
10	CAN-L	G/R	总线	—
11	P CAN-L	L/B	动力总线-低	—
12	—	—	—	—
13	LIN	V/Y	车窗防夹模块诊断	—
14	V CAN-L	L/W	车身总线-低	—
15	—	—	—	—
16	B+	Y/G	电源	12V

5）断开低压蓄电池负极接线柱，依次断开所有模块插接器，观察万用表读数是否有变化，最终查到诊断接口OBD3号端子与JC02插接器的3号端子对搭铁有短路现象。

6）修复故障电路，再次使用故障诊断仪进入系统，故障排除，一切正常。

4. 故障分析

由于该车P-CAN系统总线对搭铁短路，造成动力CAN总线系统瘫痪，诊断仪器无法读取故障码及数据流。该故障是一个典型的CAN总线通信故障，故障诊断排除过程要思路清晰，熟练使用维修手册。

a) 正常 CAN-H 电压

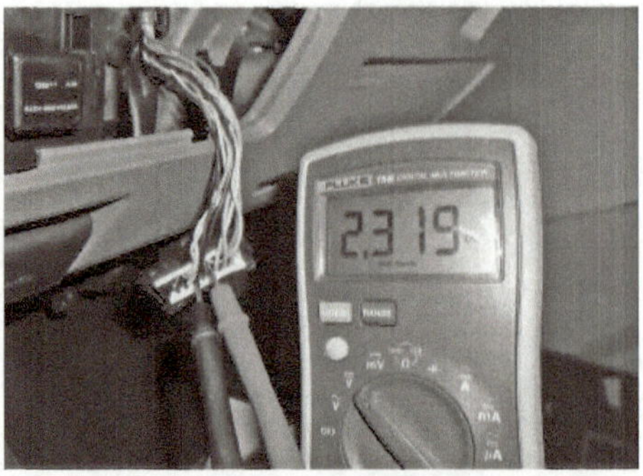

b) 正常 CAN-L 电压

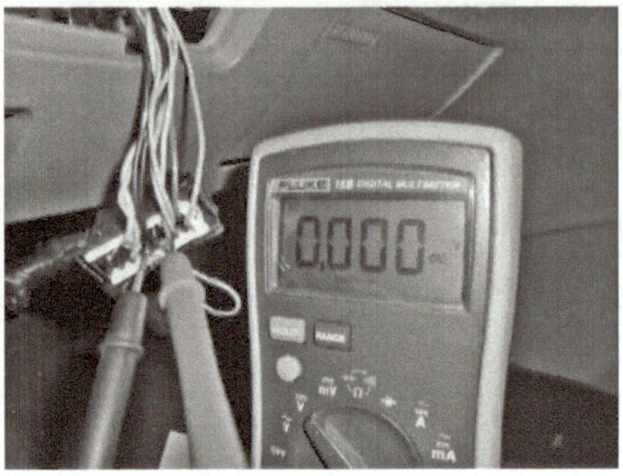

c) 所测的异常 CAN-H 电压

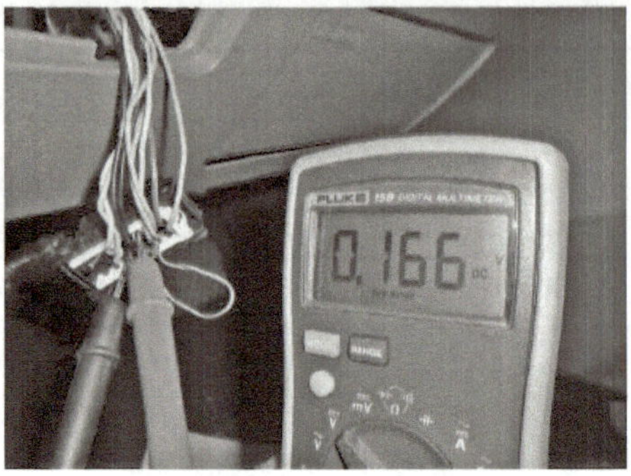

d) 所测的异常 CAN-L 电压

图 3-2-18　正常与异常 CAN-H、CAN-L 电压

3.2.4　吉利帝豪 EV450 纯电动汽车左前玻璃升降器不工作

1. 故障现象

一位车主反映他的爱车左前玻璃升降器不工作。

2. 作业过程

查阅车辆电路如图 3-2-19 所示。

检查步骤 1：检查熔丝 SF13 是否正常。若正常，转至步骤 3，若不正常进入步骤 2。

检查步骤 2：分别检查熔丝 SF13 电路是否有搭铁短路现象，如果电路有短路，则修理电路，并更换熔丝，再次确认故障有无消失。若消失，则一切正常，若未消失，则进行步骤 3。

检查步骤 3：检查驾驶人侧门玻璃升降器开关电路，如图 3-2-20 所示。

1）检测驾驶人侧门玻璃升降器开关 DR04 端子 10 与车身搭铁之间的电阻，标准值小于 1Ω。

2）检测驾驶人侧门玻璃升降器开关 DR04 端子 4 与驾驶人侧门玻璃升降器电机 DR05a 端子 7 之间的电阻，标准值小于 1Ω。

3）检测驾驶人侧门玻璃升降器开关 DR04 端子 5 与驾驶人侧门玻璃升降器电机 DR05a 端子 3 之间的电阻，标准值小于 1Ω。

4）若不正常，则修理异常电路。再次确认电机是否正常工作，若不工作则进入下一步。

检查步骤 4：检查驾驶人侧门玻璃升降器电机电源、搭铁电路，如图 3-2-21 所示。

1）打开点火开关。

2）用万用表检查驾驶人侧门玻璃升降电机线束插接器 DR05a 端子 2 上的电压，标准值为 11 ~ 14V。

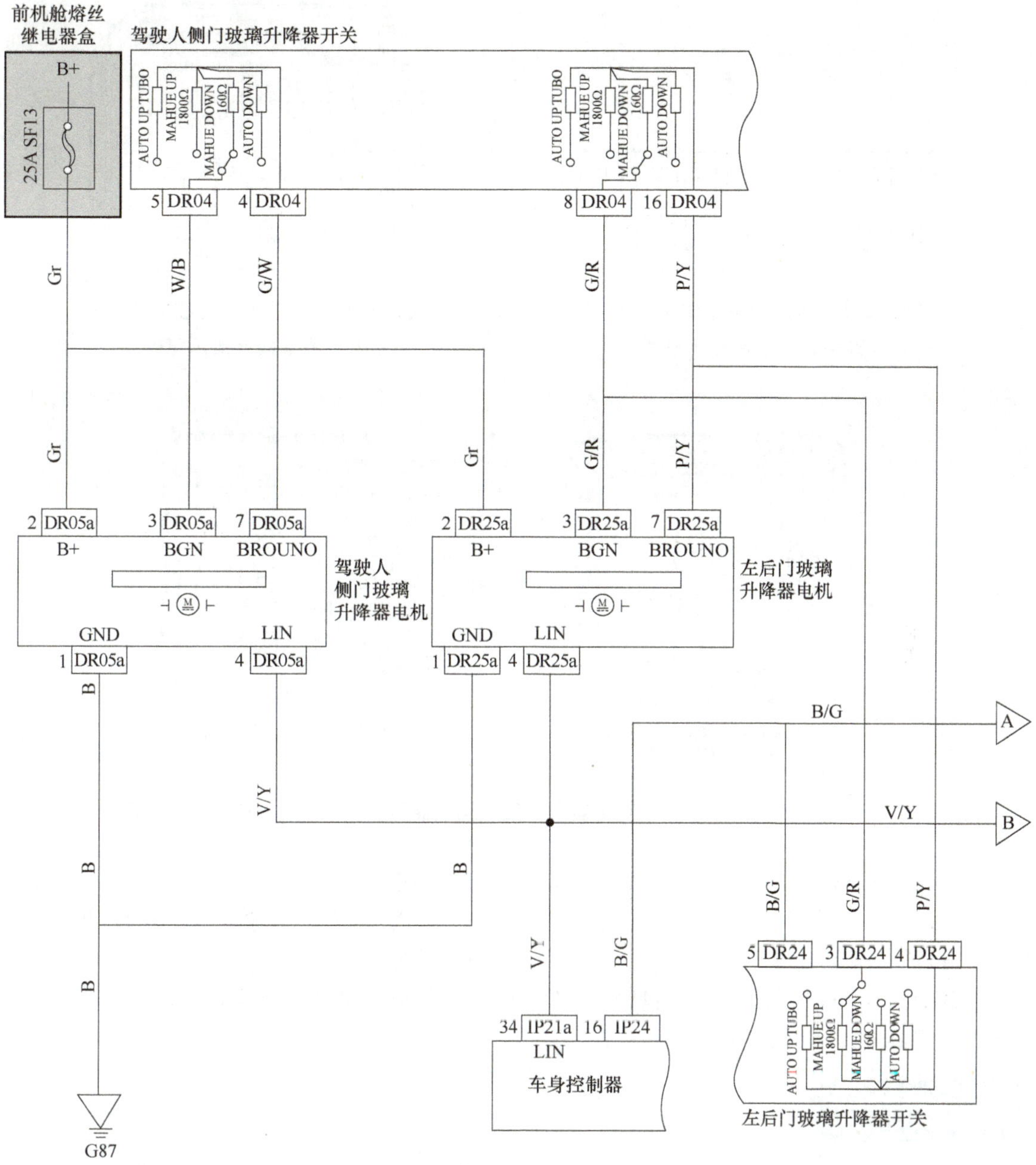

图 3-2-19　吉利帝豪 EV450 纯电动汽车左前电动车窗电路图

3）用万用表检查驾驶人侧门玻璃升降电机线束插接器 DR05a 端子 1 与车身搭铁之间的电阻，标准值小于1Ω。

4）若不正常，则修理异常电路。确认升降器是否正常工作。若不工作，则进行下一步。

检查步骤 5：检查驾驶人侧门玻璃升降器电机 DR05a 端子 4 与 BCM IP21a 端子 34 之间的电路，如图 3-2-22所示。

1）用万用表测量驾驶人侧门玻璃升降器电机 DR05a 端子 4 与 BCM IP21a 端子 34 之间的电阻，其标准值小于1Ω。

图 3-2-20　驾驶人侧门玻璃升降器开关线束插接器示意图

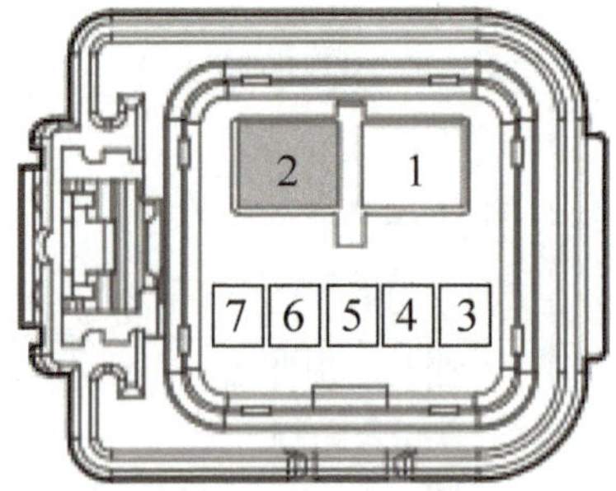

图 3-2-21　驾驶人侧门玻璃升降器电机线束插接器示意图

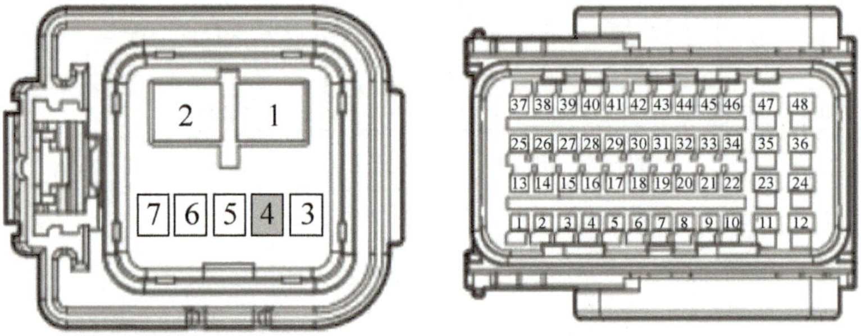

a) DR05a 驾驶人侧门玻璃升降器电机线束插接器　　b) IP21a BCM线束插接器 2

图 3-2-22　驾驶人侧门玻璃升降器电机线束插接器与 BCM 线束插接器 2 示意图

2）若电阻不符合标准值，则修理异常电路，确认玻璃升降是否正常工作。若不工作，则进行下一步。

检查步骤 6：更换驾驶人侧门玻璃升降器开关。再次确认电机是否工作，若不工作，则进行下一步。

检查步骤 7：更换左前车门玻璃升降器电机总成。

检查步骤 8：修理完成，系统正常。

学习小结

1. CAN 总线系统的终端电阻值为 60Ω，断开一个终端模块，测量时阻值应为 120Ω，否则为总线断路或终端模块故障。

2. CAN 总线与搭铁之间的电压 CAN-H 为 2.6V 左右，CAN-L 为 2.4V 左右。如两条线电压为 2.5V 左右并保持不变，则为两线互短故障。若电压为 0V，则为 CAN 总线对搭铁短路，若电压为 12V，则为 CAN 总线对电源（正极）短路。无论哪种短路都会造成系统无法通信。

3. LIN 总线在不通信时电压为 12V，通信时电压为 10V。

学习单元 3.3　整车控制器异常检测与维修

学习目标

1. 能够通过与客户交流和查阅相关维修技术资料获取车辆信息。
2. 能够独立制订工作计划并按计划实施。
3. 能够分析整车控制器输入电路的相关信号。
4. 能正确对整车控制器输出电路进行检测和故障诊断。
5. 能遵守个人和车间安全作业要求，注重个人安全防护。
6. 严格执行汽车的检修规范，养成严谨科学的工作态度。
7. 能根据环保的要求，正确处理对环境和人体有害的废料和损坏的零部件。
8. 能正确地检查工作结果并进行自我评估。

情境导入

吉利帝豪 EV450 纯电动汽车在驾驶一段时间后，发现汽车无法上高压电，汽车仪表盘上显示多个故障指示灯，提示汽车存在故障。经过检测后，发现整车控制器存在故障，现需要根据正确的操作规范进行整车控制器检测与维修。假如你是吉利新能源 4S 店的一名车辆维修人员，你知道如何操作吗?

理论知识

3.3.1　整车控制器电路的概述

1. 整车控制器输入电路

整车控制器输入电路是指在电动汽车上直接为整车控制器提供车辆状态信息的传感器和控制开关等，通常也指与整车控制器之间的电气连接电路。整车控制器输入电路的主要作用是传递传感器产生的信号和开关信号。

传感器能够将整车状态信息［如车速、部件工作温度、压力以及驾驶人对车辆的操作（如加速踏板操作、制动踏板操作、换档操作）等物理信号］转换为电信号并通过整车控制器输入电路传送至整车控制器，使整车控制器能够实时监控整车状态，保证车辆正常运行，并对驾驶人的操作进行解读，及时进行相应的控制，从而满足驾驶人对车辆的操控需求。

采用不同类型动力源、不同动力结构的车辆应用的传感器有所不同，且整车各个子控制系统通常存在相应的部件控制器，一些相关的传感器信号将会直接传递至部件控制器，如电动汽车电机控制器直接接收电机转速传感器信号、温度传感器信号等。因此，作为协调整车控制系统的整车控制器，其输入电路并非包含整车所有传感器信号。

根据整车控制器的功能可知整车控制器需要的输入信号有很多，如根据整车控制器的驾驶人意图解析功能，可知整车控制器需要获取驾驶人对车辆的相关操作，即车辆加速踏板信号、制动踏板信号等。下面以吉利帝豪 EV450 纯电动汽车为例，具体介绍其整车控制器主要输入信号。

吉利帝豪 EV450 纯电动汽车整车控制器原理图如图 3-3-1所示，作为整车控制器输入信号主要有供电输入、加速踏板位置信号、制动踏板开关信号、档位信号、高压互锁输入信号、BCM 唤醒信号等。

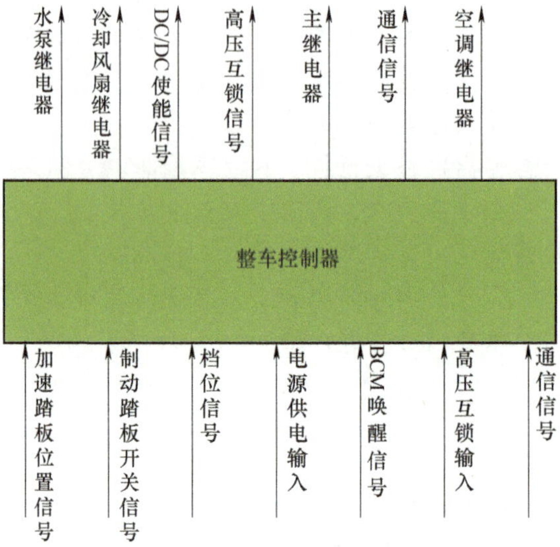

图 3-3-1　吉利帝豪 EV450 纯电动汽车整车控制器原理图

2. 整车控制器输出电路

整车控制器的输出电路主要由相应执行器和控制电路组成。控制电路连接了整车控制器和相关执行器，能够传递由整车控制器发出的用于控制相关执行器的控制信号。

所谓执行器就是指车辆上进行相关动作和操作以完成某种功能的机构，如冷却风扇、冷却水泵和驱动电机等，执行器的工作通常受控制器控制。

由于整车上存在众多子系统控制器，因此，并非整车上所有的执行器都受到整车控制器控制。一般结构功能较为复杂的子系统都具有自己的控制器，如电动汽车上的电机控制器、空调控制器等，这些控制器通常能够独立控制其执行器进行工作；其他结构相对简单的系统，如电机控制器冷却系统等，一般接受整车控制器直接控制。除进行相关执行器的控制外，整车控制器还需要完成整车工作模式的判定和各子系统功能的协调动作。以上功能的实现，都需要整车控制器输出电路功能保持完好。

整车控制器除了通过 CAN 总线进行整车协调控制之外，还直接控制、检测高低压互锁电路完整性、控制主继电器吸合、向 DC/DC 发出使能信号、控制冷却风扇运转、控制冷却水泵继电器等。

3. 整车控制器通信电路

整车控制器的通信电路是指整车控制与车辆上其他部件子系统（如驱动电机系统、充电系统、BMS 等）进行交换及控制指令传输的电路。根据整车控制器输入电路和输出电路可知，车辆上的众多传感器信号和开关信号并非全部直接输入整车控制器，同样，车辆上的众多继电器和执行器也并非全部都直接受到整车控制器的控制。由于许多传感器和执行器是直接与车辆子系统控制部件连接的，因此，为了获取整车全部的状态信息和进行整车协调、优化控制，整车控制器需要与子系统之间进行信息的交换，而信息的交换就是通过通信电路进行的。

3.3.2 吉利帝豪EV450纯电动汽车整车控制器常见电路控制原理

1. 霍尔式加速踏板位置传感器信号

加速踏板位置传感器能够将加速踏板位置及变换速率信号传递给整车控制器，其通常为线性信号。常见的加速踏板位置传感器的类型主要有电位计式和霍尔元件式，如图3-3-2所示。电位计式属于接触式传感器，采用可变电阻分压原理；霍尔元件式属于非接触式的无接触磨损，工作可靠。电位计式直接输出线性信号给整车控制器，采用霍尔效应转换电路将输出信号转换为线性信号。

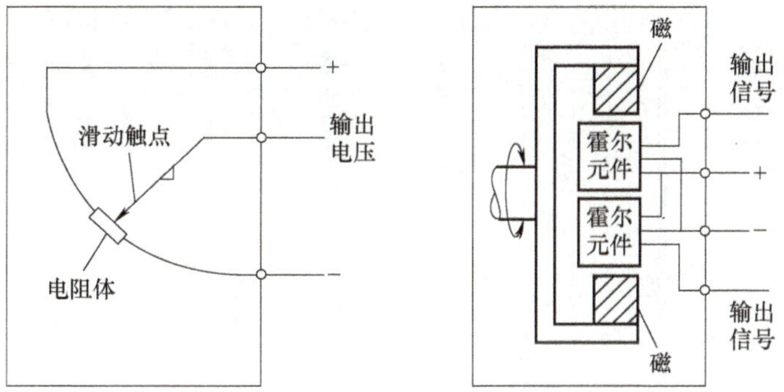

a) 电位计式传感器　b) 霍尔元件式传感器

图3-3-2　加速踏板位置传感器的种类

吉利帝豪EV450纯电动汽车加速踏板位置传感器采用霍尔效应原理，如图3-3-3所示。当驾驶人踩下加速踏板时，磁铁会随着加速踏板轴转动，穿过霍尔元件的磁场强度发生变化，霍尔元件中输出相应的霍尔电压信号，该电压信号经过信号转换电路处理后发送给整车控制器。

采用两个加速踏板位置传感器的作用是便于整车控制器监测信号和保证信号的准确性，避免当一个传感器信号失效时车辆行驶出现故障。从控制角度上讲，使用一个传感器就可以使系统正常运转，但设计两个可以使两个传感器相互检测，当一个传感器发生故障时能及时被识别，在很大程度上增加了系统的可靠性，保证行车的安全性。吉利帝豪EV450纯电动汽车加速踏板位置传感器信号波形如图3-3-4所示，可以看出，两路霍尔信号经过信号转换电路后变为线性信号，且其中一路信号的幅值为另一路信号幅值的2倍。

2. 制动踏板开关信号

吉利帝豪EV450纯电动汽车的制动踏板开关原理图如图3-3-5所示，制动踏板的位置决定了制动踏板开关触点的状态。制动踏板开关的主要作用是将驾驶人对制动踏板的动作转换为电信号传递至整车控制器，整车控制器据此解析驾驶人的意图并控制制动灯工作。

当驾驶人踩下制动踏板后，无论车辆起动开关处于任何档位，制动灯都将点亮，当车辆正常行驶时，整车控制器接收到制动踏板开关信号后，将进行制动能量回收控制。

3. 冷却风扇继电器控制

风扇继电器控制原理图如图3-3-6所示。驱动电机中的电机温度传感器将驱动电机温度信号传送给电机控制器，电机控制器将温度信号通过 P-CAN 发送给整车控制器。当电机温度较低时，整车控制器控制风扇继电器 ER12 和 ER13 线圈回路断电，两个冷却风扇不转动；当电机温度较高时，整车控制器控制风扇继电器 ER12 线圈通电，风扇继电器 ER13 线圈回路断电，两个冷却风扇低速转动；当电机温度高时，整车控制器控制风扇继电器 ER12 和 ER13 线圈回路均通电，两个冷却风扇高速转动。

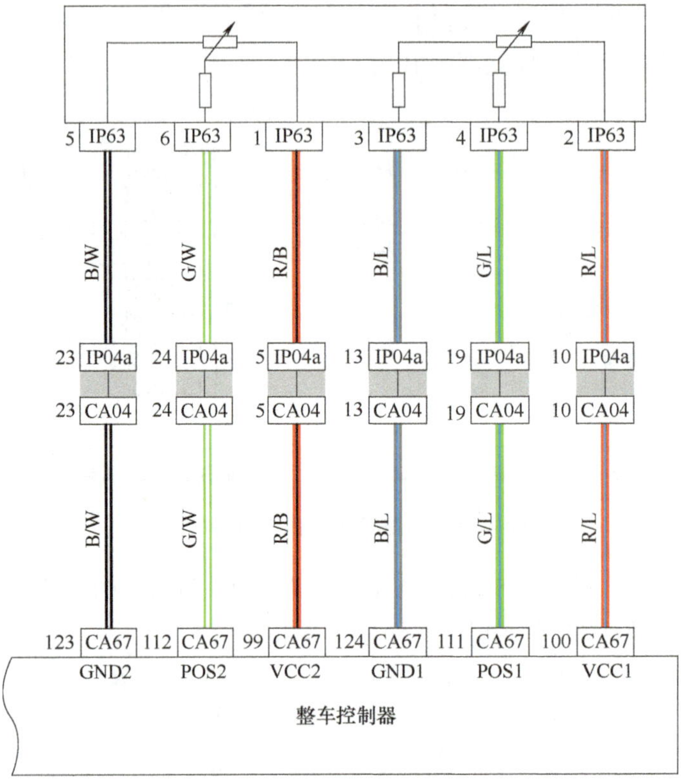

图 3-3-3　加速踏板位置传感器输入电路

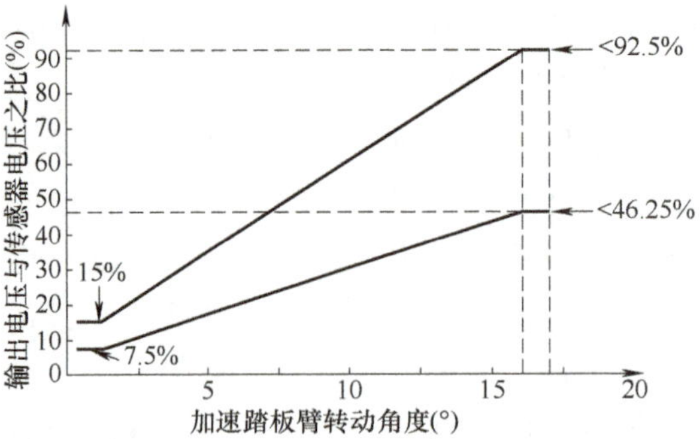

图 3-3-4　吉利帝豪 EV450 纯电动汽车加速踏板位置传感器信号波形

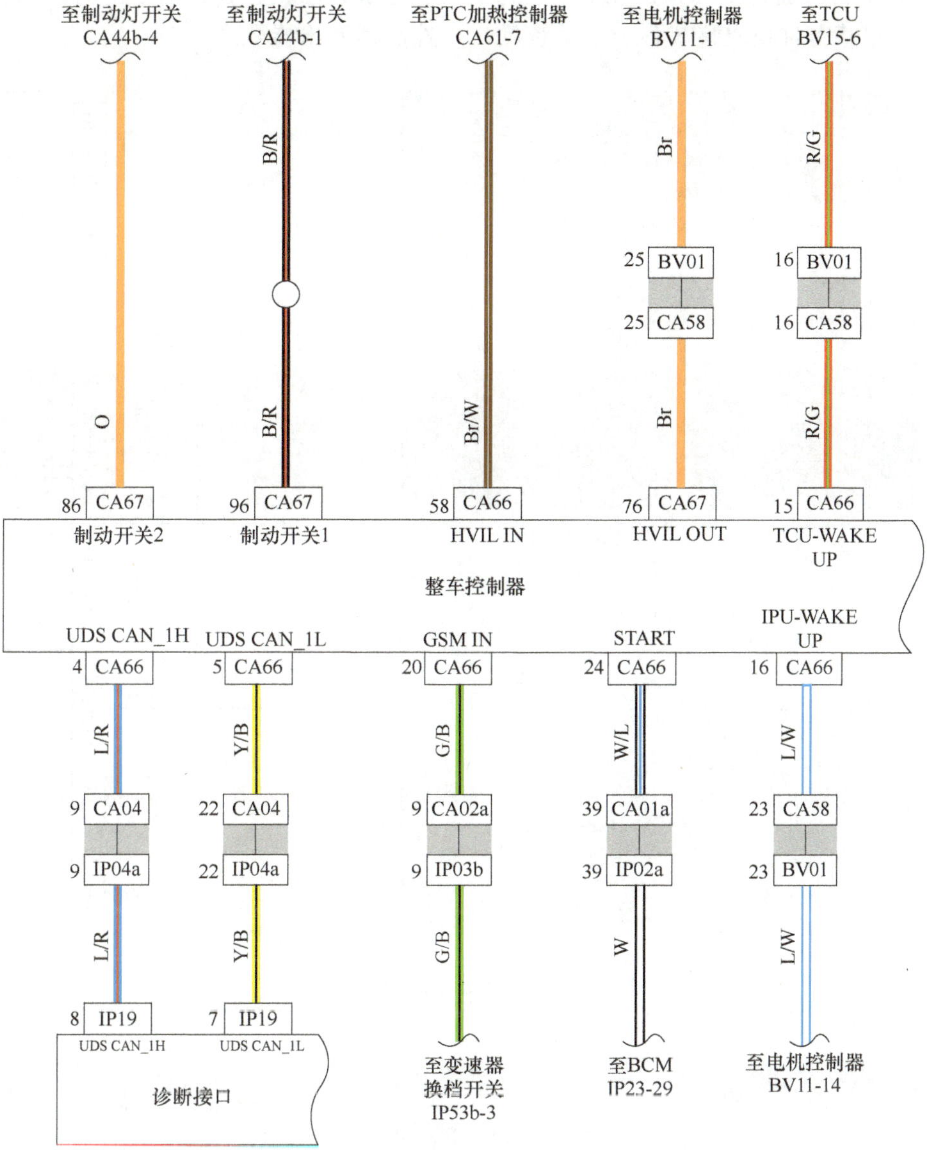

图 3-3-5　吉利帝豪 EV450 纯电动汽车的制动踏板开关原理图

4. 水泵继电器控制

冷却系统的作用就是通过冷却液循环为驱动电机、车载充电机、电机控制器、动力蓄电池进行散热。车辆在运行过程中，驱动电机系统工作温度和动力蓄电池工作温度通常都会高于环境温度，通过冷却液的流动可以较好地将电机控制器温度控制在正常工作温度范围内。水泵的作用就是使冷却液在冷却系统中循环。当需要对高压系统降温时，整车控制器就会控制 ER04 继电器吸合，水泵开始工作，冷却液在冷却系统中开始循环。水泵继电器的工作原理图如图 3-3-7 所示。

5. 网络通信

吉利帝豪 EV450 纯电动汽车整车控制系统各个子系统通过 P-CAN 相连，如图 3-3-8 所示。P-CAN 总线网络由以下部件组成：整车控制器、TCU、BMS、电机控制器、驾驶模式开关、变速器换档开关、远程控制系统等。整车控制器通过 P-CAN 总线网络的即时通信，能够实时获取整车各个子系统的运行状态信息，并在需要的时候向相应部件控制器发出指令。

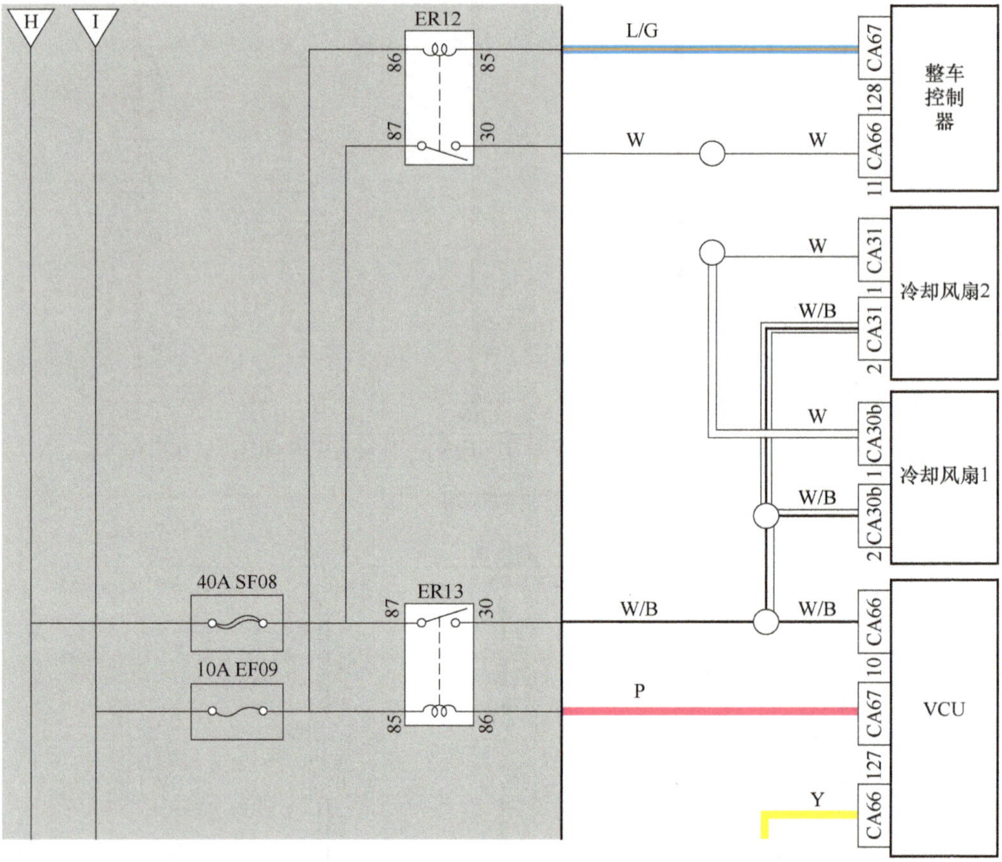

图 3-3-6　风扇继电器控制原理图

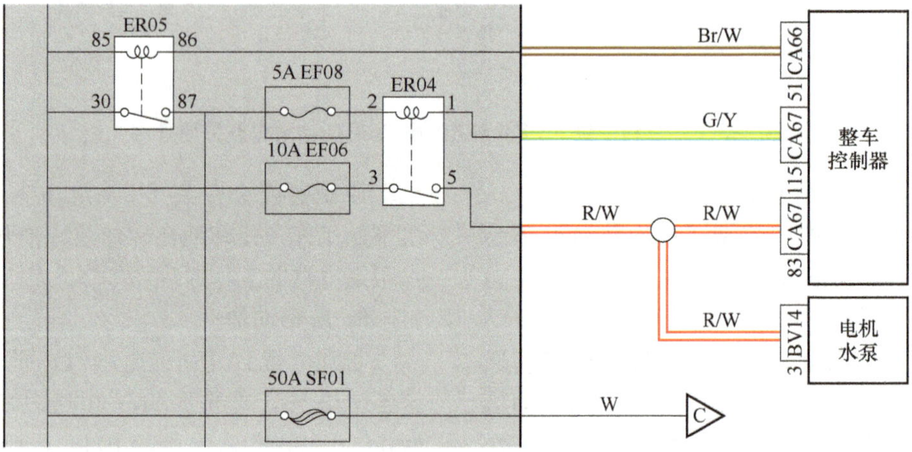

图 3-3-7　水泵继电器的工作原理图

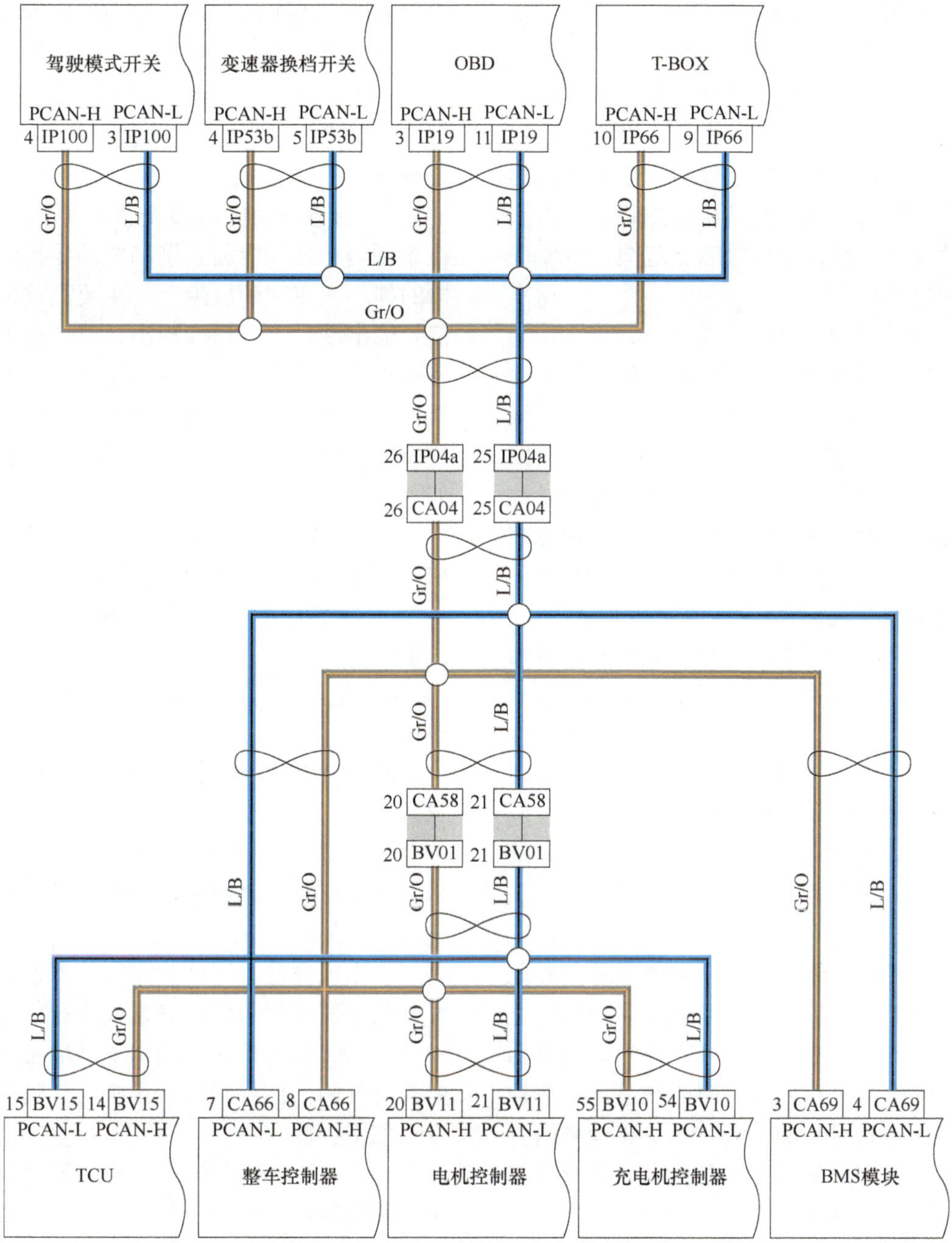

图 3-3-8　吉利帝豪 EV450 纯电动汽车 P-CAN 通信总线

3.3.3 吉利帝豪 EV450 纯电动汽车整车控制器电路的检测方法

在吉利帝豪 EV450 纯电动汽车上，整车控制器及相关传感器大多采用了低压供电，因此输入电路测试以整车低压供电系统为主要对象。测试时，首先应检查蓄电池状态，然后根据整车电气原理图，逐一进行测试。在车辆出现故障时，还应先利用故障诊断仪读取故障码，缩小故障点范围，以便快速检测出故障点。

1. 蓄电池状态的检测方法

蓄电池检查的状态主要包括确定蓄电池壳体是否损坏、蓄电池电极（蓄电池导线插头）是否受损、蓄电池固定是否牢固以及蓄电池电量状态。蓄电池壳体损坏会导致酸液流出，流出的蓄电池酸液会对车辆造成严重损坏。如有此现象发生应迅速用电解液稀释剂或肥皂液处理被电解液所接触的汽车零部件；如果蓄电池电极损坏，将无法保证蓄电池接线端子接触良好；蓄电池若在车辆上固定不牢固，则有在车辆运行过程中蓄电池发生振荡的情况，将会缩短蓄电池的使用寿命，导致栅格损坏，固定卡子损坏蓄电池壳体等故障。蓄电池电量充足是整车低压供电系统正常工作的保证。

2. 输入电路的检测方法

整车控制器输入电路异常产生的主要原因多为相关传感器故障，但也不排除信号电路故障。而传感器故障又可以分为传感器功能故障和供电电路故障，因此在进行整车控制器输入电路异常的检查时，主要检测内容就有信号电路故障、传感器供电故障及传感器功能故障 3 部分。

1）信号电路故障通常指传感器或开关信号传输线故障，产生的原因主要有信号电路断路、插接件松动等，在这种故障下，传感器功能完好，只是由于电路问题导致整车控制器无法正常接收信号，因此检测时主要测试信号电路通断与否，以及相关插接件是否牢固。

2）传感器供电故障主要指传感器供电回路故障，由于传感器一般为低压供电，因此在这种故障下，首先应测试低压供电电源电压是否正常，在低压供电电源电压正常的情况下，再测试供电回路通断及插接件安装是否牢固。

3）传感器功能故障产生的原因可能是在车辆运行过程中的颠簸和振动导致的传感器的损坏。在这种故障下，主要测试传感器信号输出端是否有信号输出，以及输出信号是否正常。在实际整车控制系统输入电路的检修过程中，通常需借助故障诊断仪来缩小故障点范围。实际检修过程的具体步骤如下：

a）首先使用故障诊断仪读取故障码，初步确定故障点，指明排查方向。

b）检查供电电路和搭铁电路是否正常。

c）检查信号电路是否有短路、断路或虚接情况。

d）如上述步骤无故障，则更换传感器。

3. 整车控制器输出电路的检测方法

由于整车控制器硬件一般情况下不会出现故障，在正常情况下，其内置的控制程序也不会出现异常，因此整车控制器输出电路异常的主要原因为电路异常或执行机构功能异常。对于整车控制器输出电路的检测，主要是对其输出信号线进行排查，其具体检测方法如下：

1）首先了解控制策略及失效模式，初步判断故障点。

2）利用故障诊断仪进行故障点确认。

3）查看终端插接件是否有错针、退针和倒针等现象。

4）用万用表对故障点处的信号线通断

进行检查，看是否与车身短接，是否与插接件以其他回路短接。

4. 整车控制器通信电路的检测方法

CAN 总线通信电路常见故障除了极少发生的硬件故障外，主要以电路故障和插接件故障为主，硬件本身的故障可以通过更换新硬件来判定，电路和插接件故障需要借助万用表，按照 CAN 总线系统的特点进行排查。

吉利帝豪 EV450 纯电动汽车的 CAN 总线系统的两个终端分别为电池管理系统和电机控制器，两者均内嵌有一个 120Ω 的终端电阻，因此在蓄电池负极不接的情况下，CAN 总线网络的正常电阻值应为 60Ω，若发现 CAN 总线系统异常，则需先查看终端插接件 CAN-H 和 CAN-L 是否有错针、退针和倒针等现象；若插接件无故障，则在蓄电池负极不接的情况下，用万用表对任意一个含 CAN 插接件的 CAN 总线检查电阻，如非 60Ω，则逐一拔掉 CAN 插接件，直至出现 60Ω 时，则刚拔下的插接件或用电器存在问题；若仍没有查明原因，则查 CAN 总对地是否短接，如果出现短接，可判断 CAN 总线与屏蔽层短接，再拨开 CAN 屏蔽排查。

扩展阅读

3.3.4　霍尔传感器的原理与应用

霍尔器件是一种磁感器件，具有结构牢固、体积小、重量轻、使用寿命长、安装方便、功耗小、频率高和耐腐蚀等许多优点。霍尔器件通常用于有磁场存在的场合，它能够将诸多非电、非磁的物理量（如力、力矩、压力、位置、位移、速度、加速度、转速等）转变成电信号进行检测和控制。霍尔器件的工作原理是基于霍尔效应的，通常具有霍尔效应的元器件被称为霍尔元件。

如图 3-3-9 所示，在一块通电半导体薄片上通上电流，在与薄片表面垂直方向施加磁场 B，薄片的横向两侧会产生 1 个电压，这种现象就是“霍尔效应”，电压 U_H 称为霍尔电压。该现象是由科学家爱德文．霍尔于 1879 年发现的。

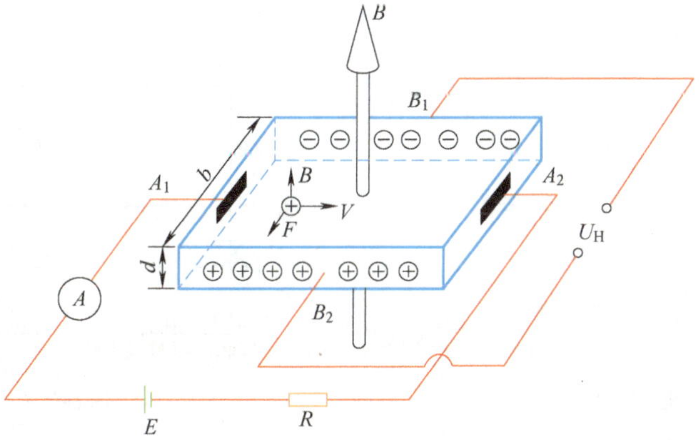

图 3-3-9　霍尔效应原理图

霍尔效应的产生，是由于通电半导体薄片中的载流子在磁场中受到洛伦磁力的作用，分别向薄片横向两侧偏移和积聚而形成一个电场，称作霍尔电场。霍尔电场产生的电场力与洛伦兹力相反，从而阻碍了载流子的继续堆积，直到霍尔电场力与洛伦兹力相等。此时，薄片两侧就建立起两个稳定的电压，即霍尔电压。

1. 霍尔元件

霍尔元件是指具有霍尔效应的元器件，多由半导体材料（如 Ge、Si、InSb、GaAs 等）以及多层半导体异质结构量子材料制成，其输出特性根据半导体材料的不同而不同，例如由 InSb 和 GaAs 两种材料制成的霍尔元件的输出特性如图 3-3-10 所示。

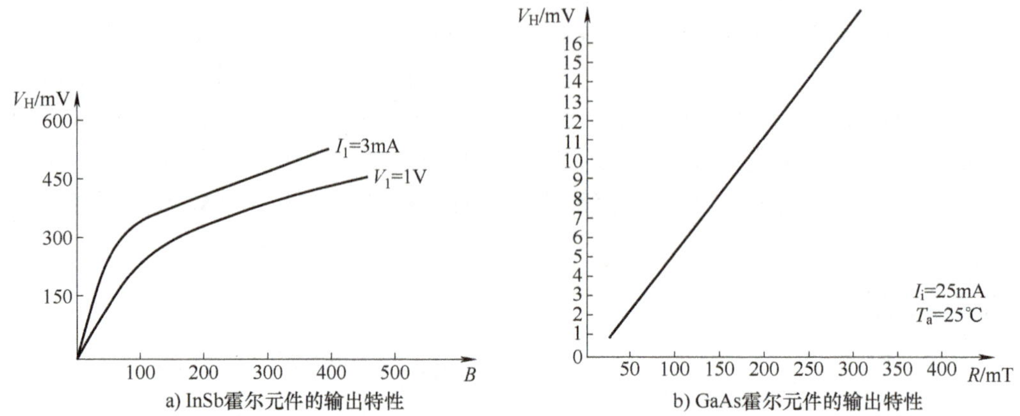

图 3-3-10　InSb 和 GaAs 两种材料制成的霍尔元件的输出特性

2. 霍尔集成电路

霍尔集成电路是将霍尔元件与相关的信号处理电路集成在一个芯片上的集成电路，按其输出信号类型可分为霍尔线性电路和霍尔开关电路两类。

1）霍尔线性电路一般由霍尔元件、差分放大器和射极跟随器组成，其输入电压和加在霍尔元件上的磁感应强度 B 成比例，其电路简图与输出特性如图 3-3-11 所示。霍尔线性电路具有灵敏度高和线性度好的特点，适用于各种磁场的检测。

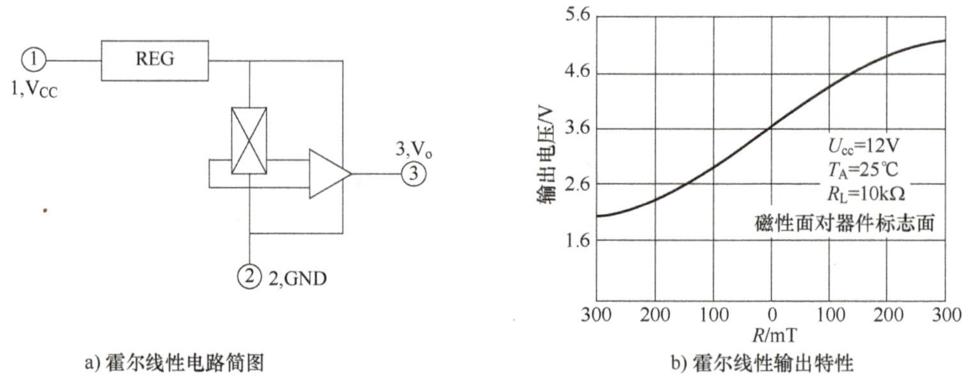

图 3-3-11　霍尔线性电路简图与输出特性

2）霍尔开关电路又称为霍尔数字电路，一般由霍尔元件、稳压器、差分放大器、施密特触发器和输出极组成。霍尔开关电路通过施密特触发器的导通阈值进行输出控制。当外磁场磁感应强度超过导通阈值上限时，霍尔电路输出低电平，此时磁感应强度再增加，电路仍保持导通状态；当外磁场磁感应强度低于导通阈值下限时，霍尔电路输出高电平。一般称导通阈值上限与下限的差别为回差，回差的存在使得开关电路的抗干扰能力增强。霍尔开关电路简图及其输出特性如图 3-3-12 所示。

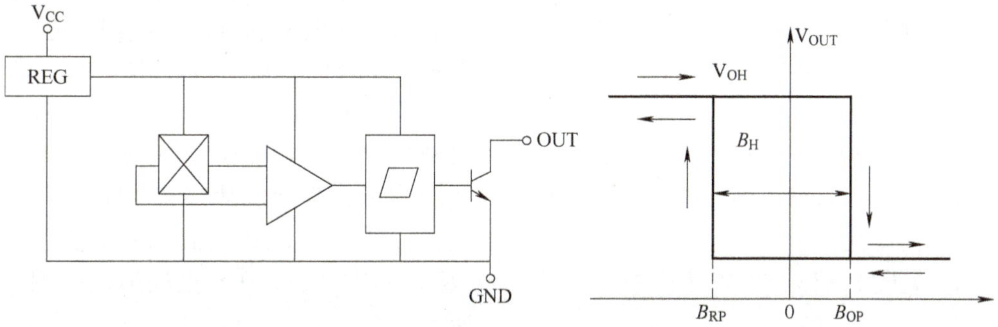

a) 霍尔开关电路简图　　b) 霍尔开关电路输出特性

图 3-3-12　霍尔开关电路简图及其输出特性

实践技能

3.3.5　加速踏板位置传感器故障分析

1. 故障现象

吉利帝豪 EV450 纯电动汽车在停放一段时间后，发现汽车可以上高压电，但仪表显示多个故障指示灯，汽车无法行驶，如图 3-3-13所示。

初步对前机舱检查没有发现异常情况，接下来需要进行深入的排故障。

图 3-3-13　仪表盘故障提示

2. 故障诊断过程

（1）安全提示　整车控制器输入电路属于低压系统，在进行故障检修时，无须高压下电，但是需要注意在进行操作前，要穿戴好防护装备，操作时不要碰触高压线束，必要时进行低压系统下电，搭铁测试时关闭起动开关，严格按照作业流程进行操作。

（2）读取故障码　读取故障码是为了

缩小故障点的排查范围，首先需要利用故障诊断仪读取车辆故障码，具体操作步骤如下：

1）打开车门。

2）安装脚垫。

3）安装转向盘套。

4）安装座椅套。

5）将起动开关置于 OFF 位。

6）将故障诊断仪连接端子一头插在车辆故障诊断接口上。

7）将端子另一头插在故障诊断仪计算机上。

8）将起动开关置于 ON 位。

9）运行故障诊断软件。

10）选择吉利帝豪 EV450 纯电动汽车。

11）选择整车控制系统。

12）选择整车控制器。

13）读取故障码。通过读取故障码，发现诊断软件上显示有 5 个故障，分别为：故障码 P1C1F04 加速踏板信号 1 开路或短路到地、故障码 P1C2104 加速踏板信号 2 开路或短路到地、故障码 P1C3E01 ESC 失效、故障码 P1C2200 加速踏板信号不可信、故障码 P1C3C96 TCS 报故障，如图 3-3-14 所示。

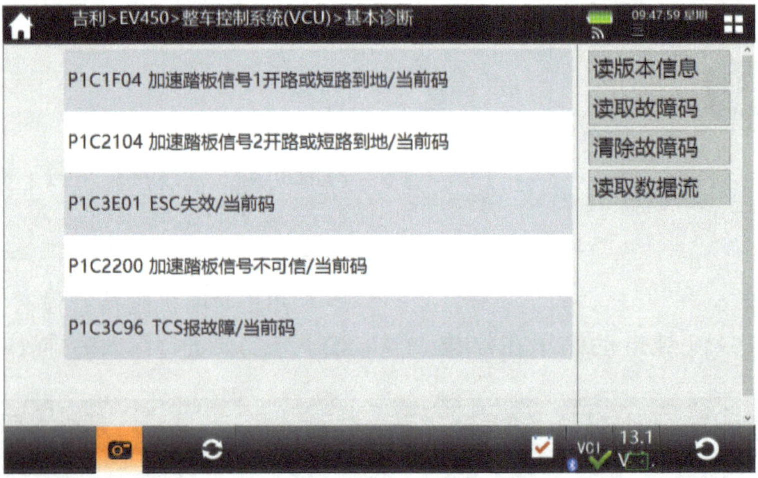

图 3-3-14　故障码

经过清除故障码和再次读取故障码后，发现车辆仍存在图 3-3-14 中的故障，此时可以初步确定加速踏板位置传感器或相关电路存在故障。

吉利帝豪 EV450 纯电动汽车的加速踏板位置传感器插头如图 3-3-15 所示，端子从左依次编号，1、2 号端子接传感器供电电路，3、5 号端子接传感器搭铁电路，4、6 号端子为传感器信号。

（3）查看数据流　数据流的查看可以清楚判断汽车相应执行部件的具体情况，清楚地分析出故障存在地方。根据故障诊断仪读取数据流，根据数据流，发现加速踏板信号异常，如图 3-3-16所示。

（4）动态测试　动态测试是在确定故障点为加速踏板信号故障后，应首先对加速踏板位置传感器进行动态测试，测试传感器输出信号是否正常，具体操作步骤如下：

1）将起动开关置于 ON 位。

2）进入故障诊断系统，选择整车控制器，读取加速踏板位置数据流。

3）当踩下并松开加速踏板，发现加速踏板信号电压不会变化，保持在 0.0V，说明加速踏板位置传感器信号异常。

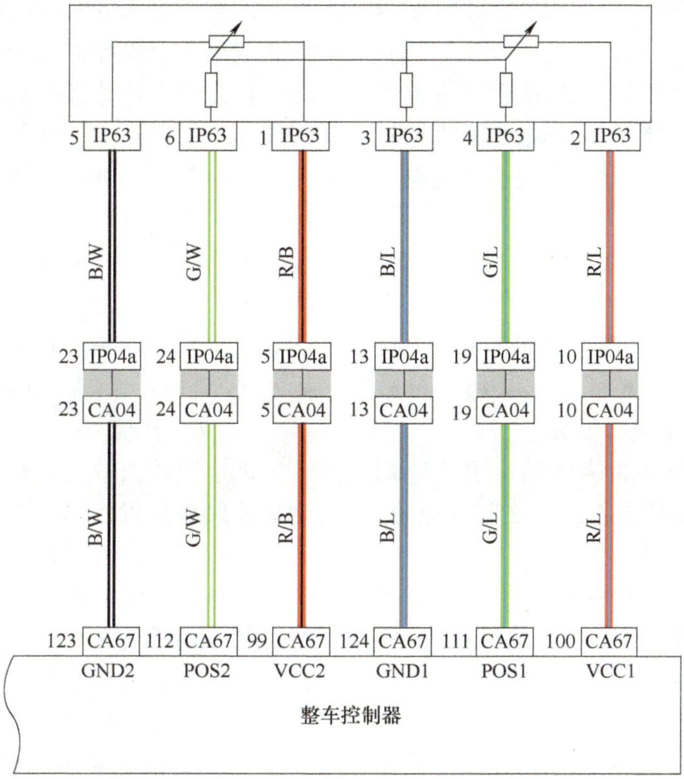

图 3-3-15　吉利帝豪 EV450 纯电动汽车的加速踏板位置传感器插头

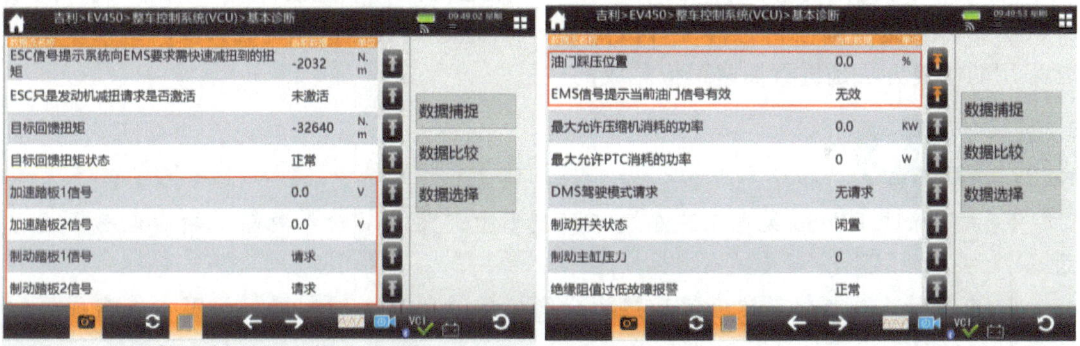

图 3-3-16　加速踏板位置数据流异常

4）用数字万用表调至电压档在故障诊断盒上测 IP63/4、IP63/6 号端子电压，发现相应电压异常。

5）通过踩下加速踏板，传感器有两路信号，当踩下加速踏板时，发现只有 6 号端子输出信号正常，4 号端子没有信号输出。

（5）静态测试　对于缺失的路信号，为了确定其失效原因是传感器硬件故障还是传感器供电故障，需要进行静态测试。静态测试包括供电电路测试和搭铁电路测试，具体操作步骤如下：

1）将起动开关置于 OFF 位。

2）拔下加速踏板位置传感器插头。

3）将起动开关置于 ON 位。

4）用万用表检测加速踏板位置传感器插头 IP63 上的 1 号端子与搭铁之间的电压

为0V，插接器CA67上99号端子对地电压为5V，异常。

5）用万用表检测加速踏板位置传感器插头IP63上的2号端子与搭铁之间的电压为0V，插接器CA67上100号端子对地电压为5V，异常。

6）将起动开关置于OFF位，断负极。

7）用万用表测量CA67/99-IP63/1电阻无穷大，异常；用万用表测量CA67/100-IP63/2电阻无穷大，异常。可以判断出故障点无加速踏板供电电源断路。

8）用万用表检测加速踏板位置传感器插头IP63上的3号端子与搭铁之间的电阻，万用表显示为1Ω左右。

9）用万用表检测加速踏板位置传感器插头IP63上的5号端子与搭铁之间的电阻，万用表显示为1Ω左右，说明传感器搭铁电路正常。

通过静态测试，如果加速踏板位置传感器的供电电路与搭铁电路均正常，由此可以确定故障产生的原因是传感器硬件故障。

（6）故障修复　对于传感器硬件故障，通常采用的修复方法是进行加速踏板总成的更换。吉利帝豪EV450纯电动汽车加速踏板总成由4个螺栓固定于车身上。进行更换时，首先拔下传感器插头，然后依次拆下紧固螺栓，最后换上新的加速踏板总成。

（7）试车　加速踏板总成更换完成后，重新连接故障诊断仪，打开起动开关，显示仪表无故障提示；利用故障诊断软件重新读取故障码、清除故障码、再次读取故障码，能够观察到加速踏板相关故障码已消除；最后驾驶车辆行驶，车辆的加速性能良好。

3. 故障分析

加速踏板失效后，整车控制器未能接收到加速踏板位置信号，无法对驾驶人的驾驶意图进行解读，为了保证行驶安全，并使驾驶人能够将车辆行驶至维修处，整车控制器将控制车辆低速运行。通过上面的故障诊断得知，霍尔式加速踏板位置传感器中有一路信号损坏，导致校验信号失效。当整车控制器接收不到加速踏板位置传感器校验信号时，无法判断另一路信号的正确性，为了安全起见，VCU直接控制车辆进入破行状态，并通过仪表盘提示驾驶人及时维修车辆。

学习小结

1. 吉利帝豪EV450纯电动汽车整车控制器电路主要有输入电路、输出电路和通信电路。

2. 电位计式踏板位置传感器直接输出线性信号给整车控制器，而霍尔式需要通过信号转换电路将输出信号转换为线性信号。

3. 当驾驶人踩下制动踏板后，无论车辆起动开关处于任何档位，制动灯都将点亮，当车辆正常行驶时，整车控制器接收到制动踏板开关信号后，将进行制动能量回收控制。

4. 整车控制器输入电路属于低压系统电路，在进行故障检修时，无须高压下电，但是需要注意，在进行操作前穿戴好防护装备，操作时不触碰高压线束，搭铁测试时须关闭起动开关。

5. 当整车控制器接收不到加速踏板位置传感器校验信号时，对传感器输出的单独路信号不再信任，直接控制车辆进入故障状态，并通过仪表盘提示驾驶人及时维修车辆。

参考文献

[1] 申荣卫. 纯电动汽车整车控制系统的检测与修复 [M]. 北京：机械工业出版社，2018.

[2] 何泽刚. 新能源汽车认知与使用安全 [M]. 北京：机械工业出版社，2018.

[3] 崔胜民. 新能源汽车技术解析 [M]. 北京：化学工业出版社，2016.

[4] 王震坡，孙逢春，刘鹏. 电动汽车原理与应用技术 [M]. 2 版. 北京：机械工业出版社，2016.

纯电动汽车

整车控制系统检修任务工单

机 械 工 业 出 版 社

目录

任务工单 1.1

任务名称	整车控制系统电源电路认知	学时		班级	
学生姓名		学生学号		任务成绩	
实训设备、工具及仪器	吉利帝豪 EV450 纯电动汽车 4 辆，故障诊断仪 4 个，维修资料 4 套，车辆防护套装 4 套	实训场地	理实一体化教室	日 期	
客户任务描述	吉利帝豪 EV450 纯电动汽车车主说，车辆远光灯不亮，希望我们检查故障并维修。				
任务目的	能掌握 DC/DC 的作用和工作原理，能正确查找 EV450 电源电路继电器、熔丝。				

一、资讯

1. 电动汽车的动力储能装置一般包括____________、____________、____________、飞轮电池和燃料电池等。

2. 动力蓄电池的组成包括：____________、____________、____________、电池控制单元（BMU）、电池高压分配单元（B-BOX）等部件。

3. 大家比较熟悉的乘用车上使用的蓄电池基本就是____________与____________这两类。

4. 纯电动汽车的双路供电系统，能保证停车后电源管理模块在设定时间内继续有电，能对电池进行__________、__________、__________，确保电动汽车下次运行时的安全，提前消除不安全因素。

5. 在纯电动汽车中，高压动力蓄电池组提供的是高压直流电，为了给____________充电以及____________供电，需要 DC/DC 模块将高压直流电进行转换。

6. 请将相关部件填入低压供电系统的电气框图里。

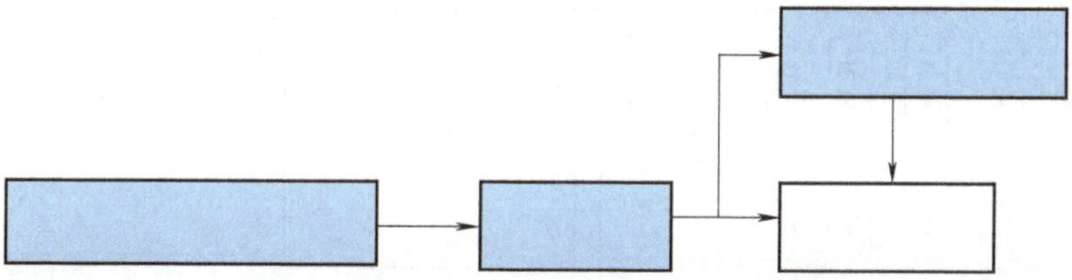

二、计划与决策

请根据故障现象和任务要求，确定所需要的检测仪器、工具，并对小组成员进行合理分工，制订详细的诊断计划和修复计划。

1. 需要的检测仪器、工具

2. 小组成员分工

3. 诊断计划和修复计划

三、实施

1. 请在下图中标出喇叭和座椅熔丝的位置。
2. 请在下图中指出真空泵继电器和远光灯继电器的位置。

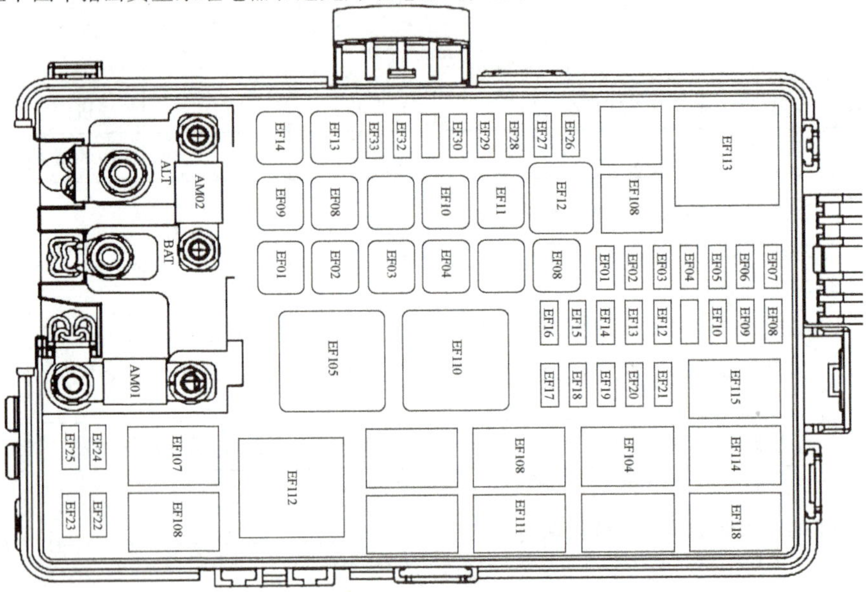

前机舱熔丝、继电器布置图

3. 请在下图中标出门灯和天窗熔丝的位置。
4. 请在下图中指出 ACC 继电器和 IG2 继电器的位置。

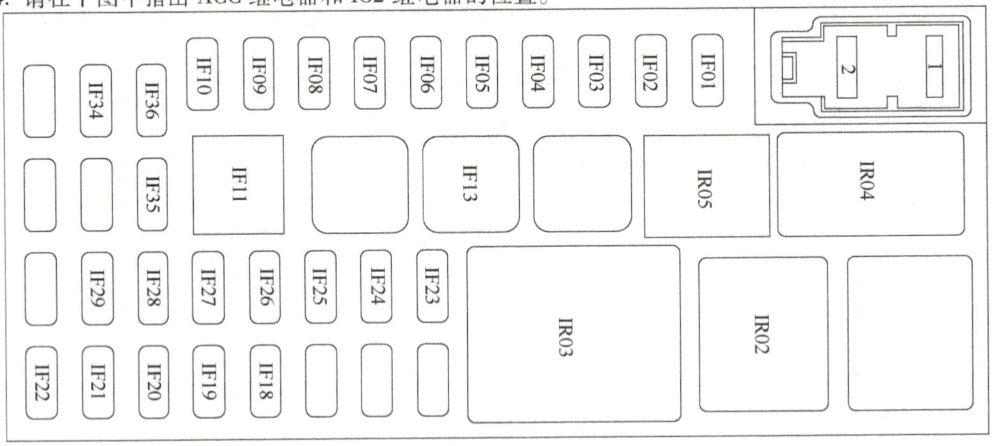

室内熔丝、继电器布置图

5. 判断吉利帝豪 EV450 纯电动汽车 DC/DC 模块是否正常工作。

在车辆关闭状态下测量低压蓄电池的电压，在整车线束正常连接且蓄电池正常的情况下，将车钥匙置于____________位，断开所有用电器并拔出钥匙，使用万用表电压档位测得低压蓄电池的电压为____________，并记录。

在车辆起动状态下测量低压蓄电池的电压，将车钥匙置于____________位，使用万用表电压档位测得低压蓄电池的电压为____________，这时所测的电压值是 DC/DC 输出的电压。若 DC/DC 正常输出的电压为____________（或____________），则 DC/DC 直流电源转化模块正常工作。

四、任务完成后，做如下检查：

1. 是否注意安全操作：____。
2. 是否按照流程进行操作：____。
3. 观察的数据是否存在异常：____。
4. 仪器设备及场地是否恢复：____。

五、评估

1. 请根据自己任务完成的情况，对自己的工作进行自我评估，并提出改进意见。

1）____

____

2）____

____

3）____

____

2. 工单成绩（总分为自我评价、组长评价和教师评价得分值的平均值）

自我评价	组长评价	教师评价	总　分

任务工单 1.2

任务名称	整车控制系统认知	学时		班级	
学生姓名		学生学号		任务成绩	
实训设备、工具及仪器	吉利帝豪 EV450 纯电动汽车 4 辆，故障诊断仪 4 个，维修资料 4 套，车辆防护套装 4 套	实训场地	理实一体化教室	日 期	
客户任务描述	车辆控制系统故障灯亮起，希望你使用故障诊断仪进行整车控制器数据流的读取。				
任务目的	能够向客户介绍整车控制系统的作用和主要部件的安装位置，能够掌握整车控制系统的组成与功用。				

一、资讯

1. 电动汽车控制系统一般包括____________、____________和____________。

2. 电动汽车整车控制系统是基于 CAN 总线的多个控制系统的集成系统，以整车控制器为管理核心，实现对____________、电机控制、____________、空调控制、____________等。

3. 吉利帝豪 EV450 纯电动汽车的整车控制系统按照各部件的功能，可以划分为____________、动力蓄电池系统、充电系统、____________、减速器控制系统、____________等。

4. 吉利帝豪 EV450 纯电动汽车的充电系统分为____________和____________系统两部分。

5. 吉利帝豪 EV450 充电系统的关键部件主要包含____________、____________、____________和____________。

6. 吉利帝豪 EV450 纯电动汽车的电机驱动系统主要由__________________及__________________构成。

7. 整车控制策略包括：__________________、制动能量回馈控制、__________________、车辆状态显示。

8. 完成下面图表中的内容。

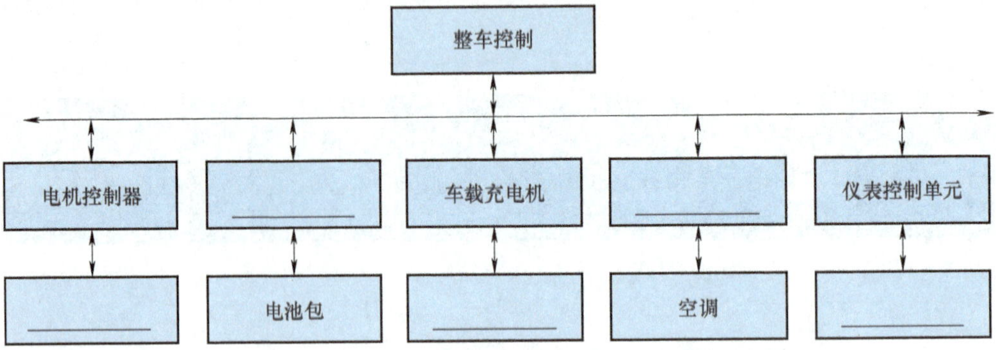

分层控制方式

二、计划与决策

请根据故障现象和任务要求，确定所需要的检测仪器、工具，并对小组成员进行合理分工，制订详细的诊断计划和修复计划。

1. 需要的检测仪器、工具

2. 小组成员分工

3. 诊断计划和修复计划

三、实施

1. 仪器连接顺序：____。

2. 在车辆未上电时，故障诊断盒上指示灯点亮情况：____。

3. 进行通信时，故障诊断盒上指示灯点亮情况：____________________。

4. 静态下读取以下整车控制器数据信息：

整车状态		驱动电机目标转矩命令	
里程读数		驱动电机目标转速命令	
供电电压		驱动电机当前转矩	
加速踏板开度		驱动电机当前转速	
制动踏板信号		直流母线电压实际值 U_1	
档位信号		直流母线电压实际值 U_2	
整车模式变量		直流母线电压实际值 U_3	
母线电流		车速	
真空泵使能状态		真空泵工作电流	
真空压力		—	—

5. 踩下制动踏板，对应的数据信息变为：____
____。

6. 连续踩下制动踏板，汽车出现的现象：____。

7. 连续踩下制动踏板，有哪些整车控制器数据信息发生变化：________________________
____。

8. 试解释连续踩下制动踏板后，相关数据信息发生变化的原因：________________________
____
____。

四、检查

任务完成后，做如下检查：

1. 是否注意安全操作：____。
2. 是否按照流程进行操作：____。
3. 观察的数据是否存在异常：____。
4. 仪器设备及场地是否恢复：____。

五、评估

1. 请根据自己任务完成的情况，对自己的工作进行自我评估，并提出改进意见。

1）____
____

2）____
____

3）____
____

2. 工单成绩（总分为自我评价、组长评价和教师评价得分值的平均值）

自我评价	组长评价	教师评价	总　分

任务工单 1.3

任务名称	整车网络系统认知	学时		班级	
学生姓名		学生学号		任务成绩	
实训设备、工具及仪器	吉利帝豪 EV450 纯电动汽车 4 辆，故障诊断仪 4 个，维修资料 4 套，车辆防护套装 4 套	实训场地	理实一体化教室	日 期	
客户任务描述	一辆吉利帝豪 EV450 纯电动汽车无法上电和充电，车窗也无法工作。				
任务目的	能够描述车载局域网络系统的工作原理。能独立查阅车辆手册和使用数字万用表测量 CAN 总线的终端电阻，并判断其是否完好。				

一、资讯

1. ____________的使用主要是为了减少车辆线束，减轻车身重量及制造成本，并且使车辆的安全可靠性得到更好的保障。

2. 局域网的常用拓扑结构有 3 种：__________、__________、__________，其中____________在车载局域网中采用得比较多。

3. 通常用于局域网的传输媒体有：____________、____________、____________。

4. LIN 总线是采用____________的控制方式，即由一个主控制单元和若干个从控制单元组成。

5. CAN 总线由____________、____________、____________和____________等组成。

6. 吉利帝豪 EV450 纯电动汽车有两路 CAN 通信总线，即____________、____________。

二、计划与决策

请根据故障现象和任务要求，确定所需要的检测仪器、工具，并对小组成员进行合理分工，制订详细的诊断计划和修复计划。

1. 需要的检测仪器、工具

2. 小组成员分工

3. 诊断计划和修复计划

三、实施

P-CAN 总线网络完整性检查如下：

1. 将起动开关置于 OFF 位。
2. 断开低压电源负极接线柱，找到诊断接口插接器。
3. 确认诊断接口 P CAN-H 和 P CAN-L 端子。
4. 校准数字万用表，并测量诊断接口 3 号端口和 11 号端口之间的电阻。
5. 正确的读数应为____________ Ω，表明 CAN 总线是完整的。
6. 如果测量值为____________ Ω 或不导通时，表明 CAN 总线不完整。

P-CAN 总线波形检测如下：

1. 找到车辆诊断接口位置。
2. 将起动开关置于 ON 位。
3. 连接示波器，并调整周期为____________ mS/div，幅值为____________ V/div。
4. 利用示波器双通道检测，通道一接____________，负极线搭铁，通道二接____________，负极线搭铁。

四、任务完成后，做如下检查：

1. 是否注意安全操作：____。
2. 是否按照流程进行操作：____。
3. 观察的数据是否存在异常：____。
4. 仪器设备及场地是否恢复：____。

五、评估

1. 请根据自己任务完成的情况，对自己的工作进行自我评估，并提出改进意见。

1）____

____

2）____

____

3）____

____

2. 工单成绩（总分为自我评价、组长评价和教师评价得分值的平均值）

自我评价	组长评价	教师评价	总分

任务工单 2.1

任务名称	车身控制系统的认知	学时		班级	
学生姓名		学生学号		任务成绩	
实训设备、工具及仪器	吉利帝豪 EV450 纯电动汽车 4 辆，故障诊断仪 4 个，维修资料 4 套，车辆防护套装 4 套	实训场地	理实一体化教室	日 期	
客户任务描述	汽车车身控制系统有故障，需使用故障诊断仪进行数据流读取。				
任务目的	能够理解车身控制系统在汽车中的作用，能够利用故障诊断仪读取车身控制系统数据流。				

一、资讯

1. EPB 的主要部件包括____________、____________和____________ 3 部分。

2. 驻车制动控制电机分别安装于后轮的左右制动卡钳上，该电机分为____________和____________两部分。

3. 汽车安全控制系统由主动安全系统与被动安全系统组成，其中，安全气囊系统属于_________。

4. ESC 控制模块不断检测车轮的状态，控制车轮的____________保持在一定的范围内，从而保持车辆的____________。

5. 电动汽车往往具备低速报警系统，当车速低于____________发出提示音，提示行人，以降低电动汽车与行人相碰撞的伤害率。

6. 智能网联汽车的技术架构涉及的关键技术主要有以下 6 种：环境感知技术、智能决策技术、控制执行技术、____________、____________和____________。

二、计划与决策

请根据故障现象和任务要求，确定所需要的检测仪器、工具，并对小组成员进行合理分工，制订详细的诊断和修复计划。

1. 需要的检测仪器、工具

2. 小组成员分工

3. 诊断计划和修复计划

三、实施

车身控制系统输入故障分析

1. 故障现象

吉利帝豪 EV450 纯电动汽车在停放一段时间后，发现汽车无法解锁，通过机械钥匙进入汽车后，汽车无法起动，无 ACC，无 ON 档，无法上高压电，双闪警报。初步判断，汽车车门无法解锁，车身控制系统的很多模块都能正常工作，车窗、刮水器等都正常，一键启动指示灯变黄，接下来需要进行深入的排故障。

2. 故障诊断过程

（1）安全提示　车身控制器输入电路属于低压系统，在进行故障检修时，无须高压下电，但是操作时要注意安全，必要时进行低压系统下电，搭铁测试时关闭起动开关，严格按照作业流程进行操作。

（2）读取故障码　为了缩小故障点的排查范围，首先需要利用故障诊断仪读取车辆故障码，具体操作步骤如下：

1）打开车门。

2）安装脚垫。

3）安装转向盘套。

4）安装座椅套。

5）将起动开关置于 OFF 位。

6）将故障诊断仪连接端子的一头插在车辆故障诊断接口上。

7）将端子的另一头插在故障诊断仪计算机上。

8）将起动开关置于 ON 位。

9）运行故障诊断软件。

10）选择吉利帝豪 EV450 纯电动汽车。

11）选择车身控制系统。

12）选择整车控制器。

13）通过读取故障码，发现诊断软件上显示有 5 个故障，分别为：

1	
2	
3	
4	
5	

清除故障码和再次读取故障码后，发现车辆仍存在故障，此时可以初步确定车身控制器存在故障。

吉利帝豪 EV450 纯电动汽车车身控制系统部分供电电路图，对应熔丝分别是 IF01、IF02、IF03、IF04，再根据转向灯电路图，可以初步怀疑是 IF01 熔丝故障。

（3）故障检修

1）关闭起动开关，使用合适工具拆卸仪表板左侧端盖，可以看到车内熔丝供电盒。

2）查看室内熔丝、继电器布置图。

3）使用数字万用表电压档，测量 BCM 供电熔丝 IF02 输入输出，测得 IF02 熔丝输入-GND ____________V，测得 IF02 熔丝输出-GND ____________V，正常。

4）使用数字万用表电压档，测量 BCM 供电熔丝 IF01 输入输出，测得 IF01 熔丝输入-GND ____________V，测得 IF01 熔丝输出-GND 0V，异常，拔下 IF01 熔丝，目视熔丝熔断，用数字万用表电阻档测量，测得 IF02 熔丝两端电阻无穷大，异常。

5）用万用表电阻档测量 IF01 输出，电阻为____________，正常。

6）确定故障为 IF01 熔丝熔断，更换 IF01 熔丝。

3. 试车

更换 IF01 熔丝，重新进行车辆起动测试，发现汽车可以正常起动，读取 BCM 故障，BCM 已经没有故障码，说明汽车故障已经排除。

4. 工位复位

1）取下翼子板布和前格栅布。

2）关闭前机舱盖。

3）取下三件套。

四、任务完成后，做如下检查：

1. 是否注意安全操作：____。
2. 是否按照流程进行操作：____。
3. 观察的数据是否存在异常：______________________________________。
4. 仪器设备及场地是否恢复：______________________________________。

五、评估

1. 请根据自己任务完成的情况，对自己的工作进行自我评估，并提出改进意见。

1）____

____

2）____

____

3）____

____

2. 工单成绩（总分为自我评价、组长评价和教师评价得分值的平均值）

自我评价	组长评价	教师评价	总分

任务工单 2.2

任务名称	车身控制器检查与更换	学时		班级	
学生姓名		学生学号		任务成绩	
实训设备、工具及仪器	吉利帝豪 EV450 纯电动汽车 4 辆，故障诊断仪 4 个，维修资料 4 套，车辆防护套装 4 套	实训场地	理实一体化教室	日 期	
客户任务描述	接到一辆汽车无法解锁进入车内，经过检测后，发现车身控制器存在故障，现需要根据正确的操作规范进行车身控制器的更换。				
任务目的	能够独立制订工作计划并按计划实施，严格执行汽车的检修规范完成车身控制器的更换。				

一、资讯

1. 车身控制器又称为____________，在汽车工程中是指用于控制车身电气系统的____________，是汽车的重要组成部分之一。

2. 汽车车身控制器主要用于增强汽车的____________、____________和____________。

3. 输入车身控制器的传感器信号有两种：一种是____________；另一种是____________。

4. 微控制器的主要功能是根据车身控制的需要，把各种传感器送来的信号用内存的程序和数据进行运算处理，并把处理结果送往____________。

5. 在设计车身控制系统时，考虑到车身控制器的特殊性，必须遵循的原则有：舒适性和合理性、安全性和可靠性、科学性和规范性、____________。

6. 门锁主要由____________、____________、____________和____________等组成。

二、计划与决策

请根据故障现象和任务要求，确定所需要的检测仪器、工具，并对小组成员进行合理分工，制订详细的诊断计划和修复计划。

1. 需要的检测仪器、工具

2. 小组成员分工

3. 诊断计划和修复计划

三、实施

车身控制器（BCM）的更换流程如下：

1. 安全提示

在进行车身控制器更换时，应注意安全操作问题。由于车身控制器由低压供电系统进行供电，因此首先需要拆下低压蓄电池负极连接线束，并进行可靠搭铁；虽然车身控制器独立于整车高压系统，但为了避免误操作导致的高压触电，需要确保整车无绝缘故障。因此车身控制器的更换操作应在低压下电及无绝缘故障前提下进行。

2. 车身控制器的更换

吉利帝豪 EV450 纯电动汽车的整个制器由 4 个紧固螺栓固定在前机舱内部靠近驾驶室的位置，车身控制器左边有两个插接件，用于控制器供电、输入输出的信号及与其他机构部件控制器进行通信。

车身控制器的更换步骤如下：

1）打开车门，安装三件套：转向盘套、座椅套、脚垫。

2）确保起动开关关闭，拉动前机舱盖拉手。

3）打开前机舱盖，安装翼子板布、前格栅布。

4）取下蓄电池负极，可靠搭铁。

5）拆卸仪表板左侧下护板。

a）使用合适工具拆卸仪表板左侧端盖。

b）拆卸仪表板左侧下护板一个紧固螺栓。

c）拆卸仪表板左侧下护板左侧的一个紧固螺栓。

d）拆卸仪表板左侧下护板固定卡扣，脱开仪表左侧下护板与仪表板的连接。

e）断开仪表板开关组件插接器。

f）拆卸前机舱盖开启把手和快速充电口盖开启把手总成 5 个紧固螺栓，脱开前机舱盖开启把手和快速充电口盖开启把手总成。

g）拆卸诊断口支架两个紧固螺栓，取下仪表左侧下护板。

6）拆卸车身控制器总成，断开车身控制器 5 个线束插接器。

7）拆下车身控制器 3 个紧固螺栓，取出车身控制器总成。

8）取下车身控制器。

9）更换新的车身控制器。

10）安装车身控制器 3 个紧固螺栓，注意力矩：____________ N·m（公制），____________ lbf·ft（英制）。

11）安装车身控制器 5 个连接插头，注意：____________、____________、____________。

12）安装仪表板左侧下护板。

13）安装蓄电池____________。

14）取下翼子板布和前格栅布。

15）关闭前机舱盖。

16）取下三件套。

17）起动汽车，检查汽车是否正常上电。

四、检查

任务完成后，做如下检查：

1. 是否注意安全操作：________________。
2. 是否按照流程进行操作：________________。
3. 观察的数据是否存在异常：________________。
4. 仪器设备及场地是否恢复：________________。

五、评估

1. 请根据自己任务完成的情况，对自己的工作进行自我评估，并提出改进意见。

1）________________

2）________________

3）________________

2. 工单成绩（总分为自我评价、组长评价和教师评价得分值的平均值）

自我评价	组长评价	教师评价	总分

任务工单 2.3

任务名称	车身控制系统异常检测与维修	学时		班级	
学生姓名		学生学号		任务成绩	
实训设备、工具及仪器	吉利帝豪 EV450 纯电动汽车 4 辆，故障诊断仪 4 个，维修资料 4 套，车辆防护套装 4 套	实训场地	理实一体化教室	日 期	
客户任务描述	吉利帝豪 EV450 纯电动汽车在驾驶一段时间后，发现汽车无法低压上电，无 ACC、无 ON，汽车无法起动，现需要根据正确的操作规范进行车身控制器的检测与维修。				
任务目的	能正确对车身控制器电路进行常规检测和故障诊断，能针对吉利帝豪 EV450 纯电动汽车车身控制系统的故障进行排查。				

一、资讯

1. 由于电控系统的控制器只接收电压信号，因此按照输入电信号的类型，可分为____________与____________两种。

2. ____________系统由于采用反馈装置，主要用于控制精度要求高的场合。

3. 由于控制器是通过电压信号变化来感知传感器的工作情况的，因此按照传感器工作时是否需要辅助电源，可将其分为____________与____________两种。

4. 根据 ECU 对执行器的控制方式，可分为____________和____________两种。

二、计划与决策

请根据故障现象和任务要求，确定所需要的检测仪器、工具，并对小组成员进行合理分工，制订详细的诊断计划和修复计划。

1. 需要的检测仪器、工具

2. 小组成员分工

3. 诊断计划和修复计划

三、实施

车身控制系统故障分析

1. 故障现象

吉利帝豪 EV450 纯电动汽车在停放一段时间后，发现汽车无法上高压电，可以解锁，可以上 ACC 档，无 ON 档，无法上高压电，双闪警报。初步判断，汽车车门可以解锁，车身控制系统的很多模块都能正常工作，车窗、刮水器等都正常，一键启动指示灯变黄，接下来需要进行深入的排故障。

2. 故障诊断过程

（1）安全提示　车身控制器输入电路属于低压系统，在进行故障检修时，无须高压下电，但是需要注意在操作前，要穿戴好防护装备，操作时要注意安全，必要时进行低压系统下电，搭铁测试时关闭起动开关，严格按照作业流程进行操作。

（2）读取故障码　为了缩小故障点的排查范围，首先需要利用故障诊断仪读取车辆故障码，具体操作步骤如下：

1）打开车门。

2）安装脚垫。

3）安装转向盘套。

4）安装座椅套。

5）将起动开关置于 OFF 位。

6）将故障诊断仪连接端子的一头插在车辆故障诊断接口上。

7）将端子的另一头插在故障诊断仪计算机上。

8）将起动开关置于 ON 位。

9）运行故障诊断软件。

10）选择吉利帝豪 EV450 纯电动汽车。

11）选择车身控制系统。

12）通过读取故障码，发现诊断软件上显示有一个故障码，B128329 IGN1 继电器控制输出无效。

经过清除故障码和再次读取故障码后，发现车辆仍存在故障，根据故障码，查找 IGN1 相关电路图，以及 IGN1 继电器在汽车上的位置。

（3）故障排除　根据初步分析，是汽车 IG1 继电器有故障，具体排故操作步骤如下：

1）将起动开关置于 OFF 位。

2）拔下 IR02 继电器。

3）用万用表测量 IR02/30—GND ____________ V，正常。

4）用数字万用表调至电阻档测量 IR02 继电器线圈端____________ Ω，正常。

5）继电器通电测试，利用接线盒线束，给继电器____________端接通 12V 电源，测量开关端 30—85 电阻____________，异常，故障确认。

6）故障确认，经过测量为 IR02 继电器损坏，开关端不闭合，更换新的继电器，故障排除。

（4）试车 继电器更换完成后，汽车可以正常起动，仪表正常显示；重新连接故障诊断仪，利用故障诊断软件重新读取故障码、清除故障码、再次读取故障码，能够观察到 IGN1 相关故障码已消除；最后驾驶车辆行驶，车辆的加速性能良好。

3. 故障分析

IG 1 继电器失效后，汽车无法提供 IGN1 电，根据吉利帝豪 EV450 纯电动汽车的正常上电逻辑，吉利帝豪 EV450 纯电动汽车上电不能缺少 IG 1 电，汽车的很多模块就是通过 IGN1 电来唤醒，如 VCU 和 ESC 等。

四、检查

任务完成后，做如下检查：

1. 是否注意安全操作：________________。
2. 是否按照流程进行操作：________________。
3. 观察的数据是否存在异常：________________。
4. 仪器设备及场地是否恢复：________________。

五、评估

1. 请根据自己任务完成的情况，对自己的工作进行自我评估，并提出改进意见。

1）________________

2）________________

3）________________

2. 工单成绩（总分为自我评价、组长评价和教师评价得分值的平均值）

自我评价	组长评价	教师评价	总分

任务工单 3.1

任务名称	整车控制器检查与更换	学时		班级	
学生姓名		学生学号		任务成绩	
实训设备、工具及仪器	吉利帝豪 EV450 纯电动汽车 4 辆，故障诊断仪 4 个，维修资料 4 套，车辆防护套装 4 套	实训场地	理实一体化教室	日 期	
客户任务描述	接到一辆无法上电的汽车，经过检测后，发现整车控制器存在故障，现需要根据正确的操作规范进行整车控制器的更换。				
任务目的	能够向客户介绍整车控制器的功用，能够按照正确的维修标准完成整车控制器的更换以及编程。				

一、资讯

1. 整车控制器通过____________与相关部件控制器交换信息并对当前车辆运行状态进行管理、调度。

2. 整车控制器是整个电动汽车的核心部件，它通过采集____________、____________信号及其他信号，进行相应的判断，然后控制各个部件动作，实现电动汽车正常行驶。

3. 纯电动汽车整车工作模式主要有____________和____________两种。

4. 吉利帝豪 EV450 纯电动汽车运行工况主要划分为紧急故障工况、怠速工况、加速工况、能量回收工况、____________和____________等，在不同工况下车辆运行的转矩需求不同。

5. 整车驱动控制即转矩控制，其核心内容包括____________、____________和____________等。

二、计划与决策

请根据故障现象和任务要求，确定所需要的检测仪器、工具，并对小组成员进行合理分工，制订详细的诊断计划和修复计划。

1. 需要的检测仪器、工具

2. 小组成员分工

3. 诊断计划和修复计划

三、实施

1. 整车控制器的更换

吉利帝豪 EV450 纯电动汽车的整车控制器由 4 个紧固螺栓固定在前机舱内部靠近驾驶室的位置，整车控制器左边有两个插接件，用于控制器供电、输入输出的信号及与其他机构部件控制器进行通信。

整车控制器的更换步骤如下：

1）打开车门，安装三件套：转向盘套、座椅套、脚垫。

2）确保起动开关关闭，拉动前机舱盖拉手。

3）打开前机舱盖，安装翼子板布、前格栅布。

4）取下蓄电池负极，可靠搭铁。

5）拔下整车控制器插接器插头。

6）拆下整车控制器 4 个紧固螺栓。

7）取下整车控制器。

8）更换新的整车控制器。

9）安装整车控制器 4 个紧固螺栓，注意力矩：8N · m（公制），5. 9lbf · ft（英制）。

10）安装整车控制器连接插头，注意：一插、二响、三确认。

11）安装蓄电池负极。

12）取下翼子板布和前格栅布。

13）关闭前机舱盖。

14）取下三件套。

15）起动汽车，检查汽车是否正常上电。

2. 更换整车控制器后的编程和设置

完成整车控制器更换后，对新的整车控制器进行编程和设置，设置之前要检查蓄电池电压为____________V，车辆所有功能都应该能正常工作，更换整车控制器后若未完成写 VIN、ESK 工作，则车辆无法起动，此时仪表无报警，车辆不报警但整车会记录故障码，故障码为：__________________。

更换整车控制器后的编程和设置步骤如下：

1）将本车遥控钥匙放入可以被认证的区域内。

2）将故障诊断仪连接至 OBD 诊断接口。

3）按下起动开关使电源模式置于“ON”位。

4）开启故障诊断仪，选择“帝豪 EV350/450”。

5）选择“整车控制器（VCU）”，进入“整车控制器（VCU）”系统。

6）选择“写数据功能”，进入“写数据功能”界面。

A 选择“写车辆识别码（VIN 码）”，进入“写车辆识别码（VIN 码）”界面。

B 弹出“输入数据”界面，输入 17 位车辆识别码（VIN 码），单击“确认”，写入完毕。

点出“退出”，进入“整车控制器（VCU）”系统。

7）选择“写入 ESK”，弹出“写入 ESK 码”选择。

8）选择“是”，弹出“写入数据”界面，写入 ESK 码，单击“确认”，ESK 码写入成功。

3. 退出故障诊断仪，车辆可以正常行驶。

四、检查

任务完成后，做如下检查：

1. 是否注意安全操作：________________。
2. 是否按照流程进行操作：________________。
3. 观察的数据是否存在异常：________________。
4. 仪器设备及场地是否恢复：________________。

五、评估

1. 请根据自己任务完成的情况，对自己的工作进行自我评估，并提出改进意见。

1）________________

2）________________

3）________________

2. 工单成绩（总分为自我评价、组长评价和教师评价得分值的平均值）

自我评价	组长评价	教师评价	总分

任务工单 3.2

<table>
<tr><td>任务名称</td><td>整车网络系统异常检测与维修</td><td>学时</td><td></td><td>班级</td><td></td></tr>
<tr><td>学生姓名</td><td></td><td>学生学号</td><td></td><td>任务成绩</td><td></td></tr>
<tr><td>实训设备、工具及仪器</td><td>吉利帝豪 EV450 纯电动汽车 4 辆，故障诊断仪 4 个，维修资料 4 套，车辆防护套装 4 套</td><td>实训场地</td><td>理实一体化教室</td><td>日 期</td><td></td></tr>
<tr><td>客户任务描述</td><td colspan="5">一辆吉利帝豪 EV450 纯电动汽车无法上电，用故障诊断仪器无法读取该车 P-CAN 系统故障码，显示无法进入系统。</td></tr>
<tr><td>任务目的</td><td colspan="5">能够掌握总线的几种测量方法，并能分析测量结果，能够根据车辆维修手册检查判断总线故障的部位，独立完成对车辆总线故障的诊断与排除。</td></tr>
</table>

一、资讯

1. CAN 系统是一个封闭的网络传输系统，系统上有____________、____________和____________3 部分。

2. CAN 总线系统中拥有一个____________、一个____________、两个数据传输终端及两条数据传输总线，除了数据总线外，其他各元件都置于各控制单元的内部。

3. 在电阻测量过程中应注意：先断开车辆蓄电池负极的接线，大约等待____________，直到系统中所有的电容器放完电后再测量，因为控制单元内部电路的电阻是变化的。

4. 总线对地电压的测量，CAN-H 信号在总线空闲时的电压约为 2.5V，总线上有信号传输时电压值在____________V 之间高频波动，因此 CAN-H 的主体电压应是 2.5V。

5. 当____________与____________短路时，CAN 网络会关闭，无法进行通信。

6. CAN-H 和 CAN-L 总线之间的长度差异应在____________以内，超过则会引起数据传输出现偏差。

二、计划与决策

请根据故障现象和任务要求，确定所需要的检测仪器、工具，并对小组成员进行合理分工，制订详细的诊断计划和修复计划。

1. 需要的检测仪器、工具

2. 小组成员分工

3. 诊断计划和修复计划

三、实施

吉利帝豪 EV450 纯电动汽车左前玻璃升降器不工作

1. 故障现象

一位车主反映他的爱车左前玻璃升降器不工作。

2. 作业过程

检查车辆电路。

检查步骤 1：检查熔丝 SF13 是否正常。若正常，转至步骤 3，若不正常进入步骤 2。

检查步骤 2：分别检查熔丝 SF13 电路是否有搭铁短路现象，如果电路有短路，则修理电路，并更换熔丝，再次确认故障有无消失。若消失，则一切正常，若未消失，则进行步骤 3。

检查步骤 3：检查驾驶人侧门玻璃升降器开关电路。

1）检测驾驶人侧门玻璃升降器开关 DR04 端子 10 与车身搭铁之间的电阻。标准值小于____________Ω。

2）检测驾驶人侧门玻璃升降器开关 DR04 端子 4 与驾驶人侧门玻璃升降器电机 DR05a 端子 7 之间的电阻，标准值小于 1Ω。

3）检测驾驶人侧门玻璃升降器开关 DR04 端子 5 与驾驶人侧门玻璃升降器电机 DR05a 端子 3 之间的电阻，标准值小于 1Ω。

4）若不正常，则修理异常电路。再次确认电机是否正常工作，若不工作，则进入下一步。

检查步骤 4：检查驾驶人侧门玻璃升降器电机电源、搭铁电路。

1）打开点火开关。

2）用万用表检查驾驶人侧门玻璃升降电机线束插接器 DR05a 端子 2 上的电压，标准值为____________V。

3）用万用表检查驾驶人侧门玻璃升降电机线束插接器 DR05a 端子 1 与车身搭铁之间的电阻，标准值小于____________Ω。

4）若不正常，则修理异常电路。确认升降器是否正常工作。若不工作，则进行下一步。

检查步骤 5：检查驾驶人侧门玻璃升降器电机 DR05a 端子 4 与车身控制模块（BCM）IP21a 端子 34 之间的电路。

1）用万用表测量驾驶人侧门玻璃升降器电机 DR05a 端子 4 与车身控制模块（BCM）IP21a 端子 34 之间的电阻，其标准值小于____________Ω。

2）若电阻不符合标准值，则修理异常电路，确认玻璃升降是否正常工作。若不工作，则进行下一步。

检查步骤 6：更换驾驶人侧门玻璃升降器开关。再次确认电机是否工作，若不工作，则进行下一步。

检查步骤 7：更换左前车门玻璃升降器电机总成。

检查步骤 8：修理完成，系统正常。

四、检查

任务完成后，做如下检查：

1. 是否注意安全操作：____。

2. 是否按照流程进行操作：________________________________。
3. 观察的数据是否存在异常：________________________________。
4. 仪器设备及场地是否恢复：________________________________。

五、评估

1. 请根据自己任务完成的情况，对自己的工作进行自我评估，并提出改进意见。

1）____

____

2）____

____

3）____

____

2. 工单成绩（总分为自我评价、组长评价和教师评价得分值的平均值）

自我评价	组长评价	教师评价	总　分

任务工单 3.3

任务名称	整车控制器异常的检测与维修	学时		班级	
学生姓名		学生学号		任务成绩	
实训设备、工具及仪器	吉利帝豪 EV450 纯电动汽车 4 辆，故障诊断仪 4 个，维修资料 4 套，车辆防护套装 4 套	实训场地	理实一体化教室	日 期	
客户任务描述	吉利帝豪 EV450 纯电动汽车在停放一段时间后，发现汽车可以上高压电，但仪表显示多个故障指示灯，汽车无法行驶。				
任务目的	能正确对整车控制器输出电路进行检测和故障诊断，能遵守个人和车间安全作业要求，注重个人安全防护。				

一、资讯

1. 车控制器输入电路是指在电动汽车上直接为整车控制器提供车辆状态信息的____________和____________等，通常也指与整车控制器之间的电气连接电路。

2. 整车控制器输入电路的主要作用是传递____________产生的信号和____________信号。

3. 传感器能够将整车状态信息（如车速、部件工作温度、压力以及驾驶人对车辆的操作等物理信号）转换为____________并通过整车控制器输入电路传送至整车控制器。

4. 控制电路连接了整车控制器和相关执行器，能够传递由整车控制器发出的用于控制____________的控制信号。

5. 常见的加速踏板位置传感器的类型主要有____________和____________。

6. 采用两个加速踏板位置传感器的作用是便于整车控制器监测信号和保证信号的____________，避免当一个传感器信号失效时车辆行驶出现故障。

二、计划与决策

请根据故障现象和任务要求，确定所需要的检测仪器、工具，并对小组成员进行合理分工，制订详细的诊断计划和修复计划。

1. 需要的检测仪器、工具

2. 小组成员分工

3. 诊断计划和修复计划

三、实施

加速踏板位置传感器故障分析

1. 故障现象

吉利帝豪 EV450 纯电动汽车在停放一段时间后，发现汽车可以上高压电，但仪表显示多个故障指示灯，汽车无法行驶。初步对前机舱检查没有发现异常情况，接下来需要进行深入的排故障。

2. 故障诊断过程

（1）安全提示　整车控制器输入电路属于低压系统，在进行故障检修时，无须高压下电，但是需要注意在进行操作前，要穿戴好防护装备，操作时不要碰触____________，必要时进行低压系统下电，搭铁测试时关闭起动开关，严格按照作业流程进行操作。

（2）读取故障码　为了缩小故障点的排查范围，首先需要利用故障诊断仪读取车辆故障码，具体操作步骤如下：

1）打开车门。

2）安装脚垫。

3）安装转向盘套。

4）安装座椅套。

5）将起动开关置于 OFF 位。

6）将故障诊断仪连接端子的一头插在车辆故障诊断接口上。

7）将端子的另一头插在故障诊断仪计算机上。

8）将起动开关置于 ON 位。

9）运行故障诊断软件。

10）选择吉利帝豪 EV450 纯电动汽车。

11）选择整车控制系统（VCU）。

12）选择整车控制器。

13）读取故障码。通过读取故障码，发现诊断软件上显示有 5 个故障，分别为：

1	
2	
3	
4	
5	

经过清除故障码和再次读取故障码后，发现车辆仍存在故障，此时可以初步确定加速踏板位置传感器或相关电路存在故障。

吉利帝豪 EV450 纯电动汽车的加速踏板位置传感器插头，端子从左依次编号，__________、__________号端子接传感器供电电路，__________、__________号端子接传感器搭铁电路，__________、__________号端子为传感器信号。

（3）查看数据流　数据流的查看可以清楚判断汽车相应执行部件的具体情况，清楚地分析出故障存在地方。根据故障诊断仪读取数据流，根据数据流，发现加速踏板信号异常。

（4）动态测试　动态测试是在确定故障点为加速踏板信号故障后，应首先对加速踏板位置传感器进行动态测试，测试传感器输出信号是否正常，具体操作步骤如下：

1）将起动开关置于 ON 位。

2）进入故障诊断系统，选择整车控制器，读取加速踏板位置数据流。

3）当踩下并松开加速踏板，发现加速踏板信号电压不会变化，保持在__________V，说明加速踏板位置传感器信号异常。

4）用数字万用表调至电压档在故障诊断盒上测 IP63/4、IP63/6 号端子电压，发现相应电压异常。

5）通过踩下加速踏板，传感器有两路信号，当踩下加速踏板时，发现只有 6 号端子输出信号正常，4 号端子没有信号输出。

（5）静态测试　对于缺失的路信号，为了确定其失效原因是传感器硬件故障还是传感器供电故障，需要进行静态测试。静态测试包括供电电路测试和搭铁电路测试，具体操作步骤如下：

1）将起动开关置于 OFF 位。

2）拔下加速踏板位置传感器插头。

3）将起动开关置于 ON 位。

4）用万用表检测加速踏板位置传感器插头 IP63 上的 1 号端子与搭铁之间的电压为 0V，插接器 CA67 上 99 号端子对地电压为 5V，异常。

5）用万用表检测加速踏板位置传感器插头 IP63 上的 2 号端子与搭铁之间的电压为 0V，插接器 CA67 上 100 号端子对地电压为 5V，异常。

6）将起动开关置于 OFF 位，断负极。

7）用万用表测量 CA67/99-IP63/1 电阻无穷大，异常；用万用表测量 CA67/100-IP63/2 电阻无穷大，异常。可以判断出故障点无加速踏板供电电源断路。

8）用万用表检测加速踏板位置传感器插头 IP63 上的 3 号端子与搭铁之间的电阻，万用表显示为__________Ω 左右。

9）用万用表检测加速踏板位置传感器插头 IP63 上的 5 号端子与搭铁之间的电阻，万用表显示为__________Ω 左右，说明传感器搭铁电路正常。

通过静态测试，如果加速踏板位置传感器的供电电路与搭铁电路均正常，由此可以确定故障产生的原因是传感器硬件故障。

（6）故障修复　对于传感器硬件故障，通常采用的修复方法是进行加速踏板总成的更换。吉利帝豪 EV450 纯电动汽车加速踏板总成由 4 个螺栓固定于车身上。进行更换时，首先拔下传感器插头，然后依次拆下紧固螺栓，最后换上新的加速踏板总成。

（7）试车　加速踏板总成更换完成后，重新连接故障诊断仪，打开起动开关，显示仪表无故障提示；利用故障诊断软件重新读取故障码、清除故障码、再次读取故障码，能够观察到加速踏板相关故障码已消除；最后驾驶车辆行驶，车辆的加速性能良好。

3. 故障分析

加速踏板失效后，整车控制器未能接收到加速踏板位置信号，无法对驾驶人的驾驶意图进行解读，为了保证行驶安全，并使驾驶人能够将车辆行驶至维修处，整车控制器将控制车辆低速运行。通过上面的故障诊断得知，霍尔式加速踏板位置传感器中有一路信号损坏，导致校验信号失效。当整车控制器接收不到加速踏板位置传感器校验信号时，无法判断另一路信号的正确性，为了安全起见，整车控制器直接控制车辆进入破行状态，并通过仪表盘提示驾驶人及时维修车辆。

四、检查

任务完成后，做如下检查：

1. 是否注意安全操作：______________________________。
2. 是否按照流程进行操作：______________________________。
3. 观察的数据是否存在异常：______________________________。
4. 仪器设备及场地是否恢复：______________________________。

五、评估

1. 请根据自己任务完成的情况，对自己的工作进行自我评估，并提出改进意见。

1）______________________________

2）______________________________

3）______________________________

2. 工单成绩（总分为自我评价、组长评价和教师评价得分值的平均值）

自我评价	组长评价	教师评价	总分